> Essays in Foreign Language
Teaching and Research

≫ 刘明宇　刘红艳◎主编

外语教学与
研究论文集
（2021）

知识产权出版社
全国百佳图书出版单位
—北 京—

图书在版编目（CIP）数据

外语教学与研究论文集. 2021/刘明宇，刘红艳主编. —北京：知识产权出版社，2020. 11

ISBN 978 – 7 – 5130 – 7276 – 2

Ⅰ.①外… Ⅱ.①刘… ②刘… Ⅲ.①外语教学—教学研究—文集 Ⅳ.①H09 – 53

中国版本图书馆 CIP 数据核字（2020）第 209773 号

内容提要

本书主要收录了北京工商大学外国语学院教师的最新科研成果和教学心得。本书立足课程建设、改革，融合语言学、翻译学、文学、教育学、法学、管理学等学科，探索培养适应社会需要的英语、法律、商务等高层次复合型人才的有效途径和方法。本书对大学外国语专业和公共外语教学、学科建设和优化、特色人才培养等具有一定的指导作用 。

责任编辑：安耀东　　　　　　　责任印制：孙婷婷

外语教学与研究论文集（2021）
WAIYU JIAOXUE YU YIANJIU LUNWENJI（2021）
刘明宇　刘红艳　主编

出版发行	知识产权出版社有限责任公司	网　　址	http://www.ipph.cn
电　话	010 – 82004826		http://www.laichushu.com
社　址	北京市海淀区气象路50号院	邮　编	100081
责编电话	010 – 82000860 转 8534	责编邮箱	anyaodong@ cnipr.com
发行电话	010 – 82000860 转 8101	发行传真	010 – 82000893
印　刷	北京中献拓方科技发展有限公司	经　销	新华书店、各大网上书店及相关专业书店
开　本	720mm×1000mm　1/16	印　张	14
版　次	2020 年 11 月第 1 版	印　次	2020 年 11 月第 1 次印刷
字　数	244 千字	定　价	78.00 元

ISBN 978 – 7 – 5130 – 7276 – 2

目 录
CONTENTS

教育教学类

翻译类

语言学类

文学类

文化社会商务类

教育教学类

大学英语云端教学新体验

艾丽娜*

摘要：采用云端教学或线上教学，对于习惯了线下教学的教师来说，具有一定的挑战。云端教学要取得好的效果，要建立班级微信群，选择合适的教学平台，教学方式，增强互动等。

关键词：教学平台；录播教学；直播教学

2020 年注定是不平凡的一年，一场突如其来的疫情打乱了所有人的生活，也打乱了大学的教学节奏和传统的教学方法。教师们习惯了站在讲台上与学生面对面的交流，在特殊时期，他们不得不采用空中课堂的教学方式，在云端完成教学任务。对于外语教学来说，面对面的交流沟通讨论是外语教学的特色。新的教学方式下，如何与学生互动并达到良好的教学效果，给大学外语教师提出了新的挑战。一个学期的线上教学，经历了焦虑、彷徨，也积累了一些经验，现将云端教学的体验总结如下，与各位同人分享。

首先建立班级微信群。建立班级实名制微信群，可以在群里及时地和学生交流答疑，方便共享和实时更新文档。同时也方便学生参与进来，讨论感兴趣的话题，提高学生的积极性。对于不方便线上听课的学生给予关注，布置因地制宜的学习任务，务必让每位同学跟上教学内容。

教学平台的选择也非常重要。比较适合大学英语教学的平台有雨课堂、腾讯会议、腾讯课堂、BB 平台、大学英语教学平台等。雨课堂在上课高峰期容易出现拥堵、卡顿等现象。BB 平台和大学英语教学平台受到学校网络连接的

---

* 艾丽娜，北京工商大学外国语学院，主要研究方向为大学英语教学。

限制经常无法登录。在多次试播以后，笔者采取了腾讯课堂、腾讯会议和班级微信群综合运用的教学模式。腾讯会议入会方式比较灵活，参会者使用微信小程序即可入会，不需要下载任何插件或客户端。教师在使用腾讯会议进行授课时，如确定所有学生都已进入会议室，可以锁定会议，禁止其他人加入。腾讯会议可实现完整屏幕共享、实时语音交互、文档协作编辑、文字聊天、老师管控麦克、学生举手、视频美颜、视频背景虚化等功能。但是腾讯会议也有缺点，比如每次上课都需要一个一个进会议，当人数较多的时候有些麻烦。腾讯课堂是专门上网课用的，比较专业，有签到、举手、答题卡、画笔等功能。腾讯课堂有一个最适合英语教学的功能，那就是可以一键分享系统音频，据笔者所知，这是其他教学类直播软件所没有的。听力是英语教学的重要环节也是与其他学科最大的区别。教学软件能分享音频就打破了英语教学对教室的依赖，从而提升教学效果。另外，腾讯课堂加入课堂也非常简单，只需要教师提前几分钟进行调试，调试好之后分享二维码，学生通过扫码快速进入在线课堂。播放 PPT 画面与讲解声音、播放音频可以实现同步，几乎没有滞后。

为了达到最佳教学效果，教师需要整合教学资源，丰富教学内容，提高教学兴趣，紧跟国际动态。整合国外主流媒体的热点话题，总结归纳关键词和新词，让学生了解世界，培养批判性思维，使学生意识到英语是学习知识和了解世界的必要工具，增强自主学习意识。

教学方式直接影响线上教学的效果。当前在线教学的形式主要分为录播在线教学和直播在线教学。了解这两种教学形式的特点有助于我们选择更合适的形式进行大学公共外语的"空中课堂"教学。录播是将授课过程录制下来，经过剪辑和处理后上传到互联网，学习者可随时点击进行观看。优点是灵活自由，学习者可以充分利用自己的碎片时间，随时随地进行学习，其缺点是没有互动，学习者无法向教师提出问题，这可能会造成对课程内容理解困难并且进一步导致学习兴趣下降。此外，由于没有课堂互动，录播形式的课程学习过程较为枯燥，可能导致学生的学习效率降低。外语教学有其独特性，交流、互动是达到教学目的的重要手段。因此，录播课不太适合外语教学。

直播课程可引入较多互动环节，学生可以与教师交互、与教材交互、与网络交互、与全班或学习小组交互、与同伴一对一交互。丰富的互动不仅为学习者营造在教室学习的课堂氛围，教师也可以根据学习者的实时反馈及时调整教学进度，进行更有针对性的教学。直播教学对教师提出了更高的要求，以学习者为中心的教学设计和教师授课影响直播课堂的参与度，是保障直播课堂有效性的关键因素。因此，教师须事先了解学习者的人数、知识水平和参与积极性，制作相适宜的授课计划，设计有效的互动形式，从而做到既高效传达教学内容，又让学生有参与感，激发学生的学习主动性。为了最大程度地发挥直播课的优势，提前了解授课班级情况并制订不同的教学方案。对于参与度非常高的班级，将时间和课堂的支配权交给学生，多布置辩论性话题。对于比较沉闷的班级，采取小组学习方式。这样的班级里，腼腆的同学比较多，独立思考回答问题对他们来说压力较大，也会降低学习兴趣。分成学习小组，同学们彼此依靠，互相帮助，共同完成学习任务。内向的同学大多不喜欢被关注，所以在回答问题时可以不开摄像头，畅所欲言，没有顾虑，其他同学可以随时补充。网络直播的同时，班级微信群是很好的补充——有的同学会提出问题，教师可以及时关注并在课堂上实时解决。

首次开启云课堂，笔者感觉很新鲜，教学中也遇到过困难，如网络问题、软件操作不熟练等，但是同学们的反馈却很好，学习积极性和参与度很高。同学们来到课堂不为打卡记考勤，而是出于单纯的学习需求。教师们可以考虑把云课堂融合到传统的课堂教学中，将二者优势充分发挥出来达到最佳教学效果。

大学英语线上学习情况分析

陈秀珍*

摘要： 新型冠状病毒肺炎疫情，致使许多大学采用了线上教学的方式。笔者针对北京工商大学的大学英语（二）分级教学八级的部分大学一年级学生进行了问卷调查，旨在研究和分析网络授课对大学英语课程和学生的影响，从而吸取经验和教训，更好地进行大学英语的教学工作。

关键词： 网络课程；影响

2020 年初，受到新型冠状病毒肺炎疫情的影响，北京工商大学在 2019—2020 年度第二学期，采取了线上授课的方式。教师们通过腾讯会议、腾讯课堂、钉钉、雨课堂等软件进行线上授课，学生们也积极配合，通过在家上网课的方式完成了整个学期的学习任务。笔者使用腾讯会议完成了本学期的教学任务，在此对本校大学英语分级班级为八级的部分学生通过手机小程序"问卷星"进行了关于本门课程大学英语（二）的线上学习情况调查。

1　调查问卷涉及的问题

问卷共设计了 9 个主要问题，其中 1～7 题为单项选择题，8～9 题为开放性问题。9 个问题分别是：①是否能够从始至终集中精神上课。②是否按照老师要求按时完成所有作业。③上课期间是否积极参与课堂活动。④因为疫情在家上网课，本学期是否有学习动力。⑤上网课所使用的设备主要是什么？⑥是

---

* 陈秀珍，北京工商大学讲师，主要研究方向为跨文化交际。

否需要老师更加严格要求才能按时上网课。⑦如果在家上网课和到校在教室上课可以选择，你倾向于哪种方式？⑧你认为上网课有哪些有利之处？⑨你认为上网课有哪些不利之处？

2 调查问卷结果分析

本次问卷调查共收到有效答卷 112 份，其中男生 32 人（约占总人数 29%），女生 80 人（约占总人数 71%）。学生专业涉及全校文科和工科的绝大多数专业，不同专业的学生的选择没有显示出特殊性。

对于第一个问题"是否能够从始至终集中精神上课"，约 22% 参与调查的学生"基本上能够一直做到上课时精神集中"，约 49% 的学生"有时全程都能集中精力听课，有时会分神"，约 22% 的学生"大多数时候能够一直集中精神上课"，有约 5% 的学生表示"大多数时候不能集中精神上课（经常分神）"，还有不到 1% 的学生认为自己"一直不能集中精神上课"。由此可见，大多数学生（约占 94% 的学生大多时候能够做到精神集中，但是同时也可以看出有一些学生有分神的情况）。

对第 2 个问题"是否按照老师要求按时完成所有作业"，约 88.4% 参与调查的学生基本能够按时完成作业（约 52% 一直按时完成作业，约 37% 大多数时候能够按时完成作业），仅有不到 1% 的学生"基本上都未能按时完成作业"。

问题 3 的结果是有约 74% 的学生"每次课都积极参与课堂活动"（25%），"基本上大多数课上能够积极参与课堂活动"（约 49%），值得注意的是有大约 1/5 的学生"有时候积极参与课堂活动，有时候不参与"或者"很少参与课堂活动"。原因可能是多方面的。有的学生可能因为上网课所使用的设备不方便参与课堂上的某些活动，比如需要输入大量单词的翻译练习。因为根据对第 5 个问题的反馈，有 12.5% 的学生主要使用手机上课，有约 58% 的学生主要使用电脑上课，还有约 24% 的学生二者兼用。使用手机的这部分学生，可能不太方便参与需要输入大量文字的课堂活动。但是，不排除学生因为学习动力不足造成这样的结果。问题 4 的结果为："总是有学习动力"（4.3%），大多数时候有学习动力"（46.4%），"有时候有学习动力，有时候没有"（约 43%），"基本没有学习动力"（约 4.5%），"根本没有学习动力"（约 1.8%）。显然，在家进行线上学习，很多学生会缺乏学习动力，或者学习动力不足。这一点也可从学生们对第 7 题"如果在家上网络课程和到校在教室上课可以选择，你愿意……"的选择看出端倪。约 66% 的学生选择"在学校教室上课"，而约 34% 的学生选择"在家上网课"。

对于"你认为上网课有哪些有利之处?"大多数学生认为"方便、节省时间"。还有部分学生认为可以录课，便于下课复习。但是，也有一部分学生认为上网课没有有利之处。对于上网课的不利之处，多数受调查学生认为，在家上网课"容易走神"，需要有较好的自制力。有的学生认为网课不方便参与课堂活动。还有的学生因为长时间看屏幕，眼睛的健康受到了影响。有的学生认为上网课"没有学习氛围"……

3　结语

根据接受本次问卷调查的学生所做出的反馈，基本可以说明大多数学生能够在技术（网络支持）、设备（电脑、手机等）允许的情况下集中注意力上网课，但是上网课时需要学生具备比在学校教室上课更大的自制力。并且，由于在家上网课，受环境因素影响，容易分神，并且造成分神的因素也比较多。大多数学生愿意在学校教室进行面对面的上课。

大学英语公共课网络教学初探

高瑾玉[*]

摘要：本文比较了传统英语课堂与网络课堂，并通过课堂实践，证明大学英语网络教学相较于传统课堂的优势，并提出未来英语课堂将线上教学与线下教学相结合的益处。

关键词：传统课堂；网络英语课堂；优势

由于疫情，2020 年春季学期的教学转入线上，对于第一次进行线上教学的老师来说，这个课堂是陌生的，因而也更具挑战性。一学期过去了，根据一个学期的教学，我们可以做一个初步的线上和线下教学的比较，从而为今后无论是完全线上还是线上线下相结合的教学方式提供一个参考。

线下教学的优势毋庸置疑，它提供了师生间以及学生间互动的便捷性、即时性，利于创造活跃的课堂气氛，从而更进一步地推动教学的有效性。另外，线下课堂也方便教师对学生的监督。所以，在进入虚拟课堂前，所有教师都会有种种担心，并对网络教学持悲观态度。

在进入线上教学后，却发现网络课堂也有着自己的优势，并不是当初想象的那样。

首先，与学生的互动在某些方面更为有效。在讨论区回答问题时，学生的参与度较线下更高。教师可以要求所有学生回答，这在线下教学中是较难做到的，尤其是在授课过程中而不是在练习课时。即使是教师点名要求学生回答时，同样也可以增加线下教学所没有的参与度。一般在线下课堂中，教师只能

---

* 高瑾玉，北京工商大学外国语学院，主要研究方向为翻译理论、英美文学。

一次提问一个学生，这时，其他学生一般都是沉默，而对回答问题学生的表述经常也难听清。但线上则可以同时提问多个学生，同时，学生答案发到讨论区时，所有学生都可以清楚地看见，而教师在讲解时，可以立刻在屏幕上放大学生答案，进行点评。这其实大大提高了课堂互动的有效性，不仅花费较少的时间，而且更清晰，效果更好。教师还可以在提问时，鼓励没有被点名的学生积极参与，这样，无形中提高了学生参与课堂的积极性，而且还更节省时间。另外，因为学生的答案一旦发出，就会呈现并可以保留下来，这无疑会促使他们在答题时更认真仔细，以免"丢脸"，这也会促使学生养成更严谨的学习态度。

其次，对于听说课来说，首先线上课堂可以便捷地使用网络资源，而不用像线下课堂那样过度依赖课本。虽然线下课堂也可以使用网络资料，但教师往往受惯性影响，大部分时间都在使用课本。线上听说课过多使用自主学习模式，不便于教师监督，同时平台状况没有在校园里稳定，这决定了教师会在一定程度上将教材与其他网络资源结合起来，这样既增加了资料的即时性，提高学生兴趣，也更便于教师对学生学习状况的检测和监督，并且增加了师生的互动。尤其是口语练习，有的学生因为自己不喜欢说，就会经常放弃课本中这一部分的练习，但在网络教学中，教师可以要求学生发送自己跟读模仿或是其他口语练习，教师可以听到，并及时纠正。

另外，虽然线上课堂教学提供了学生互动的机会，但有时也会有负面影响。比如传统课堂有学生可能会私下聊天，但网络教学要求学生在自己家中独自学习，反而减少了干扰，同时也会更注意老师的要求，以免没有跟上漏掉某些内容。

综上所述，被迫进行的网络教学，反而给英语教学提供了新的教学思路和教学工具，呈现出意想不到的优越性。当然有些线下教学的优势还是无法完全替代的，今后可以采取线上与线下教学相结合的方式，使英语课堂更灵活、丰富、有效。

"大思政"背景下大学英语如何发挥协同效应

——以北京工商大学为例

关 涛*

摘要：本文以北京工商大学的大学英语教学改革与实践为例，探讨在新时代"大思政"教育背景下，公共英语课如何通过课程思政化，发挥隐性教育实现与思政课程的协同效应。

关键词：大思政；大学英语；课程思政；隐性教育

1 引言

习近平总书记在全国高校思想政治工作会议上指出，要把思想政治工作融入全部教育教学活动，在"三全育人"（全员育人、全程育人、全方位育人）过程中，要树立"大思政"理念，挖掘其他课程和教学方式中蕴含的思想政治教育资源，推动各类课程与思想政治理论课发挥协同效应，坚持显性教育和隐性教育相统一。作为通识必修课之一的大学英语课因为开设范围广、周期长、课时多以及特有的工具性、交叉性和人文性等特点，具有得天独厚的隐性思政教育的优势。

大学英语课如何发挥协同效应呢？就是要在"大思政"教育背景下，实现大学英语课程思政化，发挥隐性教育优势。本文以北京工商大学为例，探讨公共英语课如何通过隐性教育实现与思政课程的协同效应。

* 关涛，北京工商大学外国语学院副教授，主要研究方向为比较文学、英语教育。

2　北京工商大学的大学英语课程思政

在新时代"大思政"教育背景下，以课程思政教育理念为依据，北京工商大学进行了一系列大学英语教学改革与实践。

2.1　出台"三全育人"综合改革方案

北京工商大学制定了《北京工商大学"三全育人"综合改革实施方案》，从指导思想、总体目标、基本原则、主要任务、重点举措等方面做了翔实阐述和具体安排，强调了实施课程思政的重要性，并全力建设一批有利于提高学生思想品德、人文素养、身心素质、认知能力的通识课程。除了作为显性教育的思想政治理论课外，大学英语因其特有的隐性教育属性而责无旁贷。

2.2　修改培养方案与教学大纲

北京工商大学外国语学院根据学校"三全育人"综合改革方案，制订了全新的以课程思政为目标、以成果导向教育理念为指导的大学英语培养方案，梳理教材蕴含的思政教育元素和承载的思政教育功能，纳入教学大纲，作为必要章节、课堂讲授重要内容和考核关键知识点，实现思政教育与知识体系教育的有机统一。

2.3　提升教师课程育人能力

一是统一思想，发挥基层党支部和党员教师的模范带头作用，带动全体教师认识课程思政的重要性，组织全体党员到北京联合大学课程思政示范基地参观学习，召集党支部书记和团队负责人参加课程思政讲座；二是做好"课程思政"教育教学改革专题培训，提升教师课程育人能力，邀请外校大学英语课程思政带头人上示范课，组织教师参加外语教学与研究出版社主办的课程思政教学网络培训，学习思政元素的挖掘、素材的选取、教学的开展及评价等方面的先进经验，增强教师课程思政的自觉意识，拓展课程思政教学思路。

2.4　依托"互联网＋"，充实课程思政内容

"互联网＋教育"为大学英语提供了多模态的教学方式，依托各种新媒体

技术，挖掘思政资源，结合英语语言文化知识，将思政教育以多元化方式嵌入教学活动各个环节。网络直播课和录播课弥补了因疫情无法正常授课的缺憾，保证了 2020 年春季学期教学任务的完成；北京工商大学外国语学院发起大学生英语演讲比赛和写作大赛、英语教师授课案例征集和网上授课经验分享等活动；教师利用"学习强国"网站查找思政元素，在课堂上引导学生在中西文化对比的同时提高思想觉悟；在延续教学中，教师借助微信公众号"灯塔阅读"布置不同主题的文章阅读，使学生在完成阅读理解和写译任务的同时不知不觉地受到思政教育。

3　结语

综上所述，大学英语的课程思政化就是"将思想政治教育融入大学英语的教学内容，以隐性的方式融入青年学子的生活中，既能赋予传统的思想政治教育以鲜活的生命力，又能丰富英语课程本身的内涵"[1]。

为了推动大学英语课与思想政治理论课协同发展，北京工商大学进行了一系列教育教学改革与实践活动，使广大学生在学习语言知识、提高语言能力和对比中西文化的过程中，潜移默化地提高道德修养和人文素养，增强民族自豪感和文化自信。这些举措为"三全育人"教育目标的实现提供重要保障。

参考文献

[1] 夏文红，何芳. 大学英语课程思政的使命担当 [J]. 人民论坛，2019 (30).

浅谈大学英语四级考生写作方面的典型问题

侯　霞*

摘要： 大学英语四级考试开始于 1987 年，旨在对大学生的英语能力进行客观、准确的测量，为提高我国大学英语课程的教学质量服务。从考试设置之初，作文就是一个重要的部分，占总分的 15%。尽管几十年中考试题型经历过几次改革，写作的出题方式也有一定的改变，但写作部分所占的比重一直没有变动，这说明大学英语教育对学生写作能力的重视程度和考核的力度始终如一。大学英语四级写作课的授课对象是有一定写作基础的大学新生，在这样有针对性的写作能力的培养过程中，关键部分是解决学生在作文中常犯的典型错误，使他们的写作能力有所提升。提高大学英语四级考生的写作能力，要注重培养思维的条理性、提高基本句型使用的准确性并注重词汇积累、加强词汇的丰富性。

关键词： 四级写作；典型错误；条理性；基本句型；词汇积累

1　大学英语四级考试写作题型的要求

在第二语言的习得中，语言输入和语言输出是两个重要的过程。语言输出能力，如写作，是建立在语言输入的基础之上的、综合的语言能力的体现，要求学生牢固掌握和灵活运用英语词汇、语法结构和语篇知识，是英语语言知识和能力的综合实践。

---

* 侯霞，北京工商大学外国语学院讲师，主要研究方向为英语教育。

大学英语四级考试已有 30 多年的历史，根据大学英语四级考试大纲的要求，考生要在规定时间之内写出一篇 120—150 字的文章。试题中可能给定题目或段首句，或规定情境如看图作文，体裁包括议论文、说明文和应用文，考生要能够清楚地表达思想、文字通顺、意思连贯、逻辑清晰，无重大语言错误。最初的写作题型是控制性写作，要求考生根据给定的两三条提纲完成作文。近年来，这种提纲式作文很少出现在四级考试当中，取而代之的是一种更灵活的考查方式，题目要求考生根据一句名言或一个现象展开，自己设定中心思想、文章结构和展开方式，这就要求学生要培养严谨的思维能力、语篇组织能力和语言运用能力。

2 大学英语四级写作方面的常见问题

2.1 词义模糊、词汇贫乏

词汇是一门语言的重要元素。无法正确地使用词汇，就无法准确地传递意思。词汇的学习是语言学习中最基本也是最重要的任务。学生在词汇积累方面最容易出现的问题首先是脱离具体的语意环境孤立地记忆单词，即按课后词汇表或词典背单词，而不是把单词放在搭配当中，配合真实的使用语境来记忆单词的意思。这样经常会出现把一个单词的某一方面的意思或中文翻译机械地套用在一切语境中，犯张冠李戴的错误。举个最简单的例子中文中的"有"既可以表示"持有、拥有"，也可以表示"存在"，在英文中可以用 have、own、possess 或 there be 句型等表达，如果僵化地、脱离上下文来记忆，就会导致表述中出现语意混乱或词不达意的问题。

机械地记忆单词、只认识到一个单词的片面意思，也会造成写作中词汇使用不够丰富的情况。词汇贫乏在作文中的具体表现是文章中的关键单词不断地重复使用，而不会利用关键词的同义词、近义词或同根词，忽视利用单词的同现和复现的方式来丰富语言的表达，文章读起来枯燥乏味。

2.2 句型单一、缺乏连贯

正确地使用句型是组织语言的基础，语法结构也是四级英语写作重点考查的一个方面。大学英语四级考生应熟练掌握英语的六种单句以及并列句和各种复合句等基本句型，同时能合理使用连词、副词等连接手段，使文章行文连贯、逻辑清晰。有些考生基本句型掌握得不够扎实，平时又缺乏写作训练，在考试过程中常出现主谓宾语序错乱、复合句缺连词、句与句之间缺乏过渡等错误，导致表达方式片语化、句子结构支离破碎，从而造成逻辑混乱或语意模糊。

2.3 文章中心不突出、缺乏整体感

如果简单地用线性的方式描述中西方思维方式的差别，那么中国人的思维是曲线形的，而西方的思维是直线形的。四级英语写作最早的提纲式命题方式就是遵从了直线形的结构，即以一个中心点、两个分论点和结论的方式逐层展开，以期做到文章结构清晰、逻辑顺畅。大学四级英语考生的作文中常出现"绕着圈子说话"的毛病，不点明中心论点，没有结构层次，当然也无法进一步展开。这样不进行点题和立论，只是围绕着给定的题目循环论证、绕来绕去，势必使读者感到云里雾里、不知所云。

3 结语

针对以上讨论的写作中的典型问题，教师在授课过程中可以通过帮助学生积累单词在搭配中的实际使用方法、加强语法结构的训练并练习常见的文章结构方式等办法，提高学生的英语写作能力。

大学英语教学中的语言功能与博雅教育

胡艺东*

摘要：语言不仅仅是交流工具，还有思维训练的功能。恰恰是后者为培养学生的认知和创造力提供了手段。所以，大学公共英语应该回归它的人文教育属性，将语言的思维训练功能也作为课程的目标，使公共英语课程真正成为学校博雅教育体系中的基础模块。

关键词：博雅教育；教学模式；大学公共英语教学；语言学；课程改革

博雅教育的根本目标是心智的解放和成长，它要培养学生的批判性思维和创造性能力[1]。在国外的博雅教育体系中，语言是核心课程之一，原因就是语言不仅仅是交流的工具，它还有思维训练的功能。下面我们就从语言功能的角度探讨其在训练学生的认知能力和创造能力中的作用，依此重新认识公共外语在大学教育课程体系中的定位。

1　语言功能分析

语言功能有多种分类方式。其基本功能有两个：交流训练和思维训练。交流功能所完成的信息只能在交互环境及其相伴的副语言特征的帮助下才能够理解，思维功能的信息则能独立于交互发生时的环境而存在并因此可以进行一些连贯的解释，所以称后者为"高级功能"；不仅如此，这两个功能之间还是层次相关的，思维功能隐含着交流功能，所以说思维功能更复杂。

---

* 胡艺东，北京工商大学外国语学院讲师，主要研究方向为英语教育教学、比较文化。

在思维训练这个语言功能中，包含着描述与语义、论辩与诗意两种角色。作为最高级形式的论辩与诗意可用于构造一个连贯的解释、前提、理论、假定、逻辑结论、隐喻泛化、丰富多彩的对比和类似的更高级的心理过程。这些高级心理过程代表着以自我意识、思考、抽象和象征为特征的活动，展示了人类思想和行为的巨大可变性。

在我们认知世界的过程中，经常读到大量描述客观世界的文章，它们浅显易懂，看后既不会引起思考，更不会提出意见；但有另一类文章，它们解释世界、对于观察到的事实进行分析之后提出自己的结论。它们必须仔细研读才可弄懂，弄懂之后又会引发读者的看法：同意、反对、怀疑等。这后一类文章就是论辩与诗意语言功能的示例。在认知领域，通过针对某些事实提出观点、给出解释，由此引发争论，那么它就打开了用语言（特别是语法、词汇和语篇技巧）激活心智工作的途径。在创作领域，论辩与诗意功能关注的是这样一些种类的艺术生产，如叙事性文学、诗歌、戏剧、神话、寓言、童话等。所有这些种类都展示了与前面列举的认知领域特性相同的语言功能复杂性，这种现象在比较低质量的文学作品和伟大的文学作品的价值时就会注意到。例如，一本小说可以没完没了地讲述它的主人公们的命运，描述他们生活中的事件，他们的机遇和不幸、痛苦和快乐，却没有任何尝试去做一个象征性或隐喻性的概括。这种文学只是展示了描述与语义的语言功能。同样的事件、机遇、不幸、痛苦和快乐，在有艺术才华的作者笔下，就被塑造成一部明确的作品，它以隐喻化的方法，揭示人类动机的神秘途径、探寻人生的深层意义等。由此看到，正是这种论辩与诗意语言功能的复杂性使得它成了认知和创造教育领域的一个有前途的工具。

2 公共英语在课程体系中的重定位

今天的普通高校只是将公共英语作为一门传授交流功能的实用性课程。为何把语言这样一门人文类课程做如此定位呢？在前面的语言功能分析中我们谈到，作为思维训练的语言功能的每个实例都隐含有交流功能，这就意味着，不管是日常生活中的对话，还是学习工作中的阅读讨论，语言的交流功能始终存在，而且显而易见。结果就造成了一个印象：交流功能比思维训练功能更重要。这个印象就成了语言教育中许多误解的根源，特别是在第二语言（外语）

的教学领域，将其范围限定在了交流技能上，而忽视了作为思维训练的语言能力。纵观今天高校公共英语教学中遇到的挑战（窘境），很多都与语言的实用性定位有关。例如：①学生对公共英语课没兴趣，认为与中学英语课程无本质区别。原因就是两者都将外语课定位在了交流功能上。②普通学生学习没动力。既然外语只是一个交流工具，当许多学生认为自己将来的工作环境不会使用外语时，他们也就没意愿学习了。即使为了学分的缘故，不得不坚持两年，此后也会将它丢光。反之，如果我们将大学公共英语课定位在语言作为思维训练的高级功能上，以上问题都会迎刃而解。第一，中学英语定位交流功能，是一门实用语言课；大学英语定位思维训练功能，是一门博雅教育课。实质上，一个人对语言功能掌握的程度就基本代表了他的受教育程度。第二，公共英语课不再仅仅是为了获取交流能力，更是一个思维训练的过程。学生毕业工作后，作为交流工具的英语可能没有机会使用，但当初从公共英语课上获得的认知和创造能力却是无处不用。进而，对语言的终身学习也就成为了可能。

所以，大学公共英语课程需重新定位，它的目标不再仅仅是交流工具，而且还是思维训练。因此，将其改造成一门博雅教育课程是完全合理的。

参考文献

[1] 胡艺东．博雅教育重塑英语课程［A］//刘明宇．法商话语与外语教学研究论文集．
　　北京：知识产权出版社，2019：38 – 41.

商务英语用词特点简析

孔海龙[*]　　鲍思丛[**]　李翠红[**]

摘要：本文探讨了商务英语用词的五大特点：专业术语的广泛使用、缩略词的频繁使用、一词多义现象、文体的正式性、商务新词的不断出现。商务英语专业学生一定要把握这些特点，这样才可能正确理解商务英语语篇意义，从而保证商务英语翻译的准确性。

关键词：商务英语；词汇特征；商务翻译

作为一种专门用途的商务英语不同于通用英语的一个重要标志在于商务词汇的使用。本文旨在探讨商务英语词汇的五大特点，以期为商务英语专业学生准确理解商务英语篇章提供借鉴。通常来讲，商务英语词汇一般具有如下特点[1]。

（1）专业术语的使用。

商务英语中的专业术语通常具有固定意义，不能随便更改。同时专业术语的正确释义对于理解商务英语文章具有十分重要的作用。我们一定用弄清商务术语的准确意义，以免出现翻译瑕疵。pre-tax profits 在企业盈亏表中意为"税前利润"，debtors 在资产负债表中特指"应收账款"。debtors 还可以用 accounts receivable 表达[2]。还有一些半专业词汇在商务英语中也占有一定的比例。翻译时应区分该词所在的商务语境，否则会引起语义混乱。如 balance 一词有"结余、结余额"之意。

---

　* 孔海龙，北京工商大学外国语学院副教授，主要研究方向为商务英语翻译、叙事理论与英美文学。

** 鲍思丛、李翠红为北京工商大学外国语学院翻译硕士研究生。

（2）缩略词的使用。

缩略词的使用是商务英语的另一个特征，主要包括以下 4 种方式：首字母缩略词、截短词、以辅音为核心构成的缩略词、以同音或近音字母构成的缩略词。首字母缩略由短语中每个实词的第一个字母构成，多用大写字母，可以拼读或用字母读。如 CFO 在商务英语中是由 chief financial officer 的首字母构成。截短词是指缩略或截取自然词的一部分字母，可以是词尾、词首或词腰，从而形成缩略词。pro 为非正式用法，意为 professional。以辅音为核心构成的缩略词主要用于缩写单词，可用大写字母，也可以用小写字母，一般用字母读，也可以拼读，如 frt 为 freight 的缩写。以同音或近音字母构成的缩略词相对较少，常用于单音节词和少数双音节词转化为同音字母的缩写词，按拼音或字母音读，如 biz 为 business 的缩写。

（3）一词多义现象。

商务英语的另一特征为一词多义现象。其主要表现为一个英文单词的普通词义和商务含义之间的区别。许多平时常用的词，在商务英语中除了基本含义外还有其特定的专业意义。了解和掌握这些词的多义性，才能运用自如，准确灵活地进行翻译。如 share 一词在商务语境中有"份额""股票"之意，与不同的动词搭配具有不同的意义。

（4）文体的正式性。

商务英语用词要规范、正式。其规范、正式主要体现在以下几个方面：介词短语常常用来代替简单的介词和连词（如用 in regard to 代替 concerning），多使用语体比较正式的词汇代替口语化的词汇（用 purchase 代替 buy），动词使用方面用较为正式的单一动词代替动介或动副短语动词（用 appoint 代替 make an appointment of），使用外来词（如法语词 force majeure 指"不可抗力"）。

商务文体的正式性还体现在商务术语的使用方面，这一点我们前文已有提及。此外，商务英语中还会使用一些古体词来表现其专业性和严谨性。在商务英语中出现频率最高的古体词是由 here、where 和 there 等副词加上介词 in、by、of、to、after、as 等构成的复合词。

（5）商务新词的不断涌现。

随着经济全球化的迅猛发展，国际经济交往比以往更加频繁、密切。为适应这种时代发展的潮流，许多反映当代经济贸易的新思路、新概念以及新技术的新词汇和新术语也在不断涌现，为人们的经济交往和商贸活动提供了极大的便利。商务英语新词的构成方式主要有以下 4 种：复合法、裁剪法、类推法以及电子商务领域内涌现出的一系列新词。复合法由两个或两个以上的词合在一起，构成新的商务英语词汇，占比例较大，如供应链"supply chain"、产业价值链"value chain"等。裁剪法是对现有的两个词进行裁剪，取其部分音节连成一个新词，或保留一个词的原型，取另一词的部分音节，构成商务英语新词汇，如滞胀"stagflation"一词是分别取"stagnation"的前半部分和"inflation"的后半部分而形成的一个新词。类推法根据原有的商务英语词汇，类推出与之相对应或意思相近的词汇。如我们根据市场的高端与否可以衍生出"upmarket"和"downmarket"两种。电子商务领域内的新词主要集中在以 e－、cyber 和 online 为词缀的一类新词上，如"网上购物"（cyber shopping）。

以上我们简单梳理了商务英语词汇的一些常见特征，我们也应该看到其中的矛盾。一方面商务英语要求正式，但另一方面也会使用缩略词，从而体现了非正式性。这种矛盾性是我们也要注意的一个重要方面。

参考文献

[1] 董晓波. 实用经贸文体翻译（英汉双向）[M]. 北京：对外经贸大学出版社，2013.

[2] BROOK－HART G. 剑桥标准商务英语教程高级学生用书 [M]. 2 版. 西安：西安交通大学出版社，2018.

网络课程实践教学模式创新*

赖　花**　陈芯妍***

摘要：高等教育领域的网络课程及其实践教学是创新教学的新领域。本文以跨文化商务沟通网络课程为例，通过网上客座讲师计划，阐明其在"互联网＋"时代背景下对英语教学和人才培养的意义。

关键词：网络；实践教学；英语教学

1　引言

在疫情背景下，2020 年春季学期的高校教学全面改为网络直播课。高校网课教学虽然是特殊时期的特殊选择，却为改革教育教学提供了新的思路和途径，发挥网课优势、助力课程教学革新极其重要且有现实意义。

依据教育部颁布的《高等学校商务英语专业本科教学质量国家标准》，跨文化交际能力为商务英语人才必备能力之一[1]。跨文化商务沟通课程是北京工商大学外国语学院英语系开设的本科生专业选修课，课程教学将跨文化交际基本理论和实践结合，是培养学生跨文化交际能力、思辨能力和商务英语语言能力的重要课程。网课教学为跨文化商务沟通课程解决其所面临的实践学时不足、原版教材局限性和学习成效欠佳等问题提供了新机遇。

---

　* 本文为 2020 北京工商大学教育教学改革研究项目"跨文化商务沟通网络课程实践教学模式创新研究"（编号：JG205242）的阶段性成果。

　** 赖花，北京工商大学外国语学院讲师，主要研究方向为英语教学。

　*** 陈芯妍，海南大学外国语学院 2019 级英语语言文学专业硕士研究生，研究方向为语言学。

2 跨文化商务沟通网络课程客座讲师计划

实践教学是跨文化商务沟通课程教学的重要内容和环节，案例教学是课程教学的重要手段。为了提供给学生更新、更真实的跨文化背景下的商务沟通案例，使学生有机会直击新鲜、生动、丰富的跨文化交流，网络课程的实践教学计划邀请一些跨文化背景下从事商务工作的精英和有关媒体人士作为网上客座讲师，在课程授课中通过互联网连线教学现场，围绕相关教学主题，分享其实际工作中的真实案例，并为学生答疑解惑。

跨文化商务沟通网络授课中课上连线客座讲师进行课内延续教学，是该课程课内延续教学中实践教学环节的新探索。课程在保证整体的教学按原定计划进行和部署的基础上，对现行的课内延续教学的方式和手段进行变革，将课内延续教学（1 学时/50 分钟）中的实践教学部分（30 分钟）以连线网课客座讲师的方式进行。网络授课中课上连线环节将由课程主讲教师主持，时长为 30 分钟，包括受邀客座教师讲述个人亲历的跨文化商务案例和工作经历，和师生互动的问答环节。

3 网课客座讲师计划的教学保障

跨文化商务沟通网络课程实践教学的客座讲师计划通过严格挑选客座讲师和与客座讲师充分沟通教学主题和内容来保证教学内容的质量和水平。

首先，严格挑选客座讲师。邀请网上客座讲师时从其工作领域和工作成绩、跨文化沟通技能、坚定的政治立场和个人品德等方面综合考量。受邀客座讲师包括知名跨国公司高管、大型国企的对外投资主管、国内知名金融企业的海外招聘和实习培训主管、中国日报驻外记者、有美国信息技术巨头公司工作经历的归国创业者、从事外贸近 20 年的企业家和有外企或使馆工作经历的本校英语系毕业生，涉及跨文化交流、人力资源管理、谈判、礼节、招聘等主题，涉及航空、电子科技产品、金融投资、外贸、媒体等领域。

其次，充分沟通以保证教学质量。从课程主讲教师与客座讲师沟通的实际情况看，为了 30 分钟的课程连线，授课教师和客座讲师直接以语音沟通，从讨论定题、甄选案例、确定内容和要点到确定网上连线授课有关细节和辅助材料等，时长大约为 6 – 8 小时，不包括非语音沟通时间。主讲教师为之付出的时间和工作量已远远超过其常规备课所花费的时间与工作量。

此外，对于现场连线的意外情况要设有应急方案，包括必要时转换网络授课的直播平台、由课程主讲教师用完成有关主题的教学时间和教学内容或采用替换教学方案并另外安排时间重新连线课程教学等。

4　结语

跨文化商务沟通网络课程的客座讲师实践教学构建了网络课程课内实践教学的新模式，助力解决了课程实践教学效率不佳、国外原版教材内容的非中国视角和网课学用结合效果差等问题，为构建"学用一体"的实践教学模式奠定了基础，是新的教育环境下英语教学的创新，契合国家推进教育信息化，推动"互联网＋教育"新业态发展的要求。

参考文献

［1］教育部高等学校教学指导委员会 . 普通高等学校本科专业类教学质量国家标准（上）

　　［M］. 北京：高等教育出版社，2018：90 – 95.

翻转课堂模式下的大学英语
翻译教学初探与设计

李　洁*

摘要：《大学英语教学要求》要求学生能对不同层次的文章进行翻译，并且能翻译中国国情或文化的文章。这些要求也对大学英语翻译教学提出了新的挑战。为了更好地应对这些挑战，我们可以尝试引用翻转课堂的教学模式来解决现阶段大学英语翻译教学中存在的问题。在翻转课堂的教学模式中，学生成为学习的主导者，老师是学习的引导者，围绕学生展开教学。翻转课堂的教学模式要求教师合理设计课前—课中—课后的教学过程，组织、监督并支持学生课前—课中—课后学习。

关键词：大学英语翻译教学；翻转课堂；设计

1　大学英语翻译教学中存在的问题

在大学素质教育下，提升大学英语翻译质量，是培养大学生英语核心素养，培养高素质大学生的必然要求。《大学英语教学要求》要求学生能对不同层次的文章进行翻译，并且能翻译介绍中国国情或文化的文章[1]。这些要求也对大学英语翻译教学提出了新的挑战。在现阶段的大学英语翻译教学中还存在一些问题：从教学角度来看，第一，大学英语翻译课时不够；第二，课堂翻译学习资料不足。从学生的角度来看，其一，学生在语法方面存在比较突出的问

---

* 李洁，北京工商大学外国语学院讲师，主要研究方向为外语教学。

题。很多学生的句法基础薄弱，因此进行翻译练习有些吃力。其二，学生在翻译学习方面缺乏主动性和能动性。如何解决这些问题？我们可以尝试翻转课堂的教学模式。

2　翻转课堂教学模式初探

翻转课堂的核心教学理念就是将传统意义的教学过程进行完全翻转，以便在课外时间让学习者完成对核心知识的自主学习。在网络信息技术的辅助下，翻转课堂的教学模式将"先教后学"的教学模式翻转成为"先学后教"，从而最大程度地发挥了学生的自主学习能动性。通过"线上 + 线下"互补的教学模式，充分发挥了翻转课堂与传统课堂互补的最大优势[2]。运用翻转课堂教学使学生能够充分自由地按照自身状况主动学习，可以根据自己的兴趣学习英语，进而提高自身的学习信心，满足自身发展的需要[3]。

3　翻转课堂模式下大学英语翻译教学的设计

在大学英语翻译教学中，翻转课堂一般被分为课前、课中和课后三个部分。课前，学生观看老师制作的教学视频，学习基本的知识点；课中，老师进行引导和帮助，学生自主学习，互相协作完成课堂任务；课后，学生通过完成老师在线上布置的翻译练习，内化前两个环节中所学到的知识。

第一部分：课前听讲，学习知识。翻转课堂将知识点的讲解放在了课前，教师根据大学英语翻译学习的特点，按计划制作多个教学视频，每一个教学视频都应做到能清晰完整地讲授一个知识点，比如说翻译中语法的讲解就可以录制词在句子中的用法、简单句、并列句以及复合句等好几个教学视频，视频长度以 5 ~ 10 分钟为宜[4]。这样，学生就可以根据自己的实际情况灵活安排时间，在上课前观看视频，学习翻译学习中的要点。

第二部分：课中互动，构建知识。翻转课堂的一个重要特征就是老师是引导者，学生是学习的主体。学生在课前自主学习的基础上，通过与老师、同学讨论，巩固已学知识，获取新的知识。在大学英语翻译教学的课堂上，教师首先可以利用手机小程序布置小测验，对学生课前学习的情况进行检查，以掌握学生课前的学习状态。然后对小测验进行答疑，鼓励学生积极提问，以便满足不同学生的不同要求。这样就把课前和课中联系在一起，保证了学习的效果。也可以就难点组织同学们进行讨论。比如说可以让同学们在微信群中分享自己翻译的句子，互相点评，由同学们推选出译的最好的句子，再由老师来点评。这种互动可以大大提升学生的学习积极性。

第三部分：课后巩固。在翻转课堂模式下，学生的课后学习和练习不能仅仅局限于课本和大学英语四六级的翻译练习。利用各种网上的学习平台，教师可以根据翻译学习的特点为学生选择一些合适的资源比如有关中国文化的双语资料、有关中西文化对比的双语资料以及一些电影的双语资料，作为学生课下学习和练习的内容。

参考文献

[1] 李梅. 谈大学英语课堂的翻译教学［J］. 科教导刊（上旬刊），2020（10）：120.

[2] 马海燕，岳欣，刘冰. 翻转课堂在高校英语拓展课的应用研究［J］. 职业技术，2020（7）：38 – 39.

[3] 刘洋. 翻转课堂在大学英语教学中的应用探析［J］. 海外英语，2020（6）：131 – 132.

[4] 任妍彦. 以翻促改——翻转课堂在商务英语教学中的应用研究［J］. 海外英语，2020（6）：131 – 132.

大学日语课程思政教育的可行性及实施策略

李香春[*]

摘要：在当前的教育背景下，如何把思政要素融入日语课程中，如何将语言知识的传授、技能的培养与思政教育有机融合是每一位高校日语教师要认真思考和实践的新任务。本文主要探讨分析大学日语课程思政教育的可行性及实施策略。

关键词：大学日语；课程思政；思政要素

习近平总书记在全国高校思想政治工作会议上强调："要用好课堂教学这个主渠道……使各类课程与思想政治理论课同向同行，形成协同效应。"[1]大学生的思政教育不仅仅要依靠传统的思政课程，而且要全方位地渗透到其他各类课程中。在当前的教育背景下，如何把思政要素融入日语课程中，如何将语言知识的传授、技能的培养与思政教育自然、有机融合是每一位高校日语教师认真要思考和实践的新任务。

1 大学日语特点及课程思政教育的可行性

为了全面贯彻落实习近平总书记在全国高校思想政治工作会议上的精神，更好地适应新时代对人才的多样化需求，着力推进课程改革，加强课程思政融合，2020 年，北京工商大学（以下简称"我校"）全面修订了教学大纲，明确了课程的育人要求和目标，完善了思政教学内容。在新修订的大学日语教学

---

* 李香春，北京工商大学外国语学院讲师，主要研究方向为日语语言文化、教学法。

大纲中明确规定培养学生语言能力的同时，围绕立德树人根本任务要润物细无声地进行思政教育，教学过程中有机融入思政要素，将知识教育与思政教育结合起来。

大学日语是一门公共必修课，课时多，学习时间跨度大，能够确保思政教育的连续性。以我校为例，本科生要进行四个学期，每学期18周，每周课时，共288课时的课堂学习，是一门占用学期和课时最多的公共必修课。这一特点有利于师生间的交流，可以持续地开展思政教育。

大学日语所使用的教材为高等教育出版社出版的《新大学日语阅读与写作》，共四册。这套教材内容丰富，涉及文化、政治、教育、经济等各个方面，而且体裁多样，为思政教育的自然融入提供了便利性。

2　课程思政教育实施策略

2.1　强化教师育人意识，提高思政能力

教师是课堂的组织者和引导者，把握着课堂的环节和内容，学生正确的思想离不开教师的引导。教师应加强理论学习和自身思想道德建设，不断地提升教育教学理论和文化素养，挖掘自身优势和特色，更好地担起学生健康成长的指导者和引路人的责任。

2.2　深入挖掘课文中的思政要素

教材内容的挖掘对于思政教育有着十分重要的意义。教材在编排上已经融入了很多思政要素，所选文章内容涵盖面广，具有一定的深度。要发挥好课程思政的功能，首先，教师对教材内容要有一个整体的把握，深入分析，充分梳理和挖掘教材中所蕴含的思政要素，渗透到课堂教学中去。其次，在内容的选择上要找准关键、突出重点。通过重点思政要素的引入，丰富学习资源，引导学生进行对比和思考，让学生逐渐形成正确的思想价值观念，思辨能力、国际视野和家国情怀，使课堂教学育人的功能得到充分体现。

2.3　巧妙设计授课环节

在授课环节中设计生动活泼的学习任务，采用灵活的教学方法，提升思政

教育的针对性。思政要素融入课堂的形式不能太生硬，内容不能太刻板，避免生搬硬套，以免产生逆反作用。在知识学习中自然融入理想信念层面的精神指引，潜移默化地培养学生高尚的道德品行和健全的人格。思政教育应贯穿于教学的整个过程，通过开展问答、分组讨论、辩论、角色扮演等多样化教学形式，调节课堂气氛，激发学生学习兴趣，提高思政教育效果。

2.4 关注时事新闻，积极转化为合适的思政素材

作为高校教师应该把握好新时期新形势，经常阅读时事类杂志报纸，有意识地收集国内外热点问题和正能量的时事新闻，积极转化为合适的思政素材，融入课堂教学。以新型冠状病毒肺炎疫情为例，通过补充讲解有关疫情方面的词汇，选取日文版的指南和对策等资料，观看疫情相关的感人事迹的视频，一方面让学生掌握疫情防控知识，另一方面让他们树立良好的公共道德与高尚的品德。另外，结合思政要素给学生布置课后思考问题，增强和巩固课程思政的实效。

3 结语

在大学日语教学中增加课程思政要素，可以提升课程的深度和广度，也可以提高学生的学习兴趣。因此，在今后的教学中，教师应不断地提高思政能力，很好地将知识教育与思政教育结合起来，帮助学生树立正确的世界观、人生观、价值观，着力培养具有理想信念、家国情怀、民族自信、社会责任感的高素质人才。

参考文献

[1] 习近平. 把思想政治工作贯穿教育教学全过程 开创我国高等教育事业发展新局面 [N]. 人民日报, 2016 – 12 – 09 (1).

课程思政在大学英语听说课中的实践

李学勤[*]

摘要：大学英语作为一门公共基础课程，学生覆盖面广且兼具工具性和人文性，把大学英语与课程思政相结合，影响广泛，意义深远。由于现有大学英语教材在课程思政建设中存在不足，所以需要扩充一些课程思政素材。国内外重大新闻时事和突发事件可以作为补充素材，有机融入大学英语听说教学中，有效发挥课程思政的育人目的。

关键词：大学英语听说；课程思政；素材

大学英语作为一门公共基础课程，覆盖面广且兼具工具性和人文性，把大学英语与课程思政相结合，影响广泛，意义深远。就人文性而言，大学英语的课程性质及培养目标与思想政治教育课程具有较高的契合度。因此，授课过程中教师不仅要注重知识传授，更应关注学生的价值塑造，培养既有国际视野又有家国情怀的新时代中国特色社会主义建设者，为国家发展战略服务[1]。

1 大学英语课程思政中存在的素材问题

现有大学英语教材均侧重于介绍英美国家的风土人情和名人名事，对中国文化元素的涉及不多。随着国际局势的变化和社会经济文化的发展，中国在国际舞台上发挥的作用和影响力也越来越大，现有教材尚不足以体现这些变化，也不足以适时对学生进行思政教育。所以教师在利用教材进行课程思政实践过

---

* 李学勤，北京工商大学副教授，研究方向为翻译教学、应用语言学。

程中，需要扩充一些思政素材。

2　课程思政在大学英语听说课中的实践

在思政素材的选择方面有一点非常关键，即课程思政的内容不应固化，像国内外重大新闻时事和一些突发事件，需要教师注意在实际教学中适时地融入。而像新闻类的素材因其时效性，更适合老师提前安排时事新闻学习内容，然后在听说课程中组织学生进行讨论。China Daily 手机报就是一个很好的思政素材补充，每天早晚的新闻报，可以囊括国内外发生的主要事件，师生都可以及时了解新闻热点，学习热点英语词汇及内容。在此基础上，可以和 BBC、VOA 等网络听力新闻资源相结合，自然地融入课程思政，挖掘中国元素，通过对比学习达到课程思政的育人目的。这一类的思政素材在听说课上能够得到很好的运用。

笔者所教授的大学英语听说课程对象是大二学生，他们已经通过大学英语四六级，听说课除了进行大学英语视听说平台学习之外，每日给他们安排的 China Daily 手机报学习是他们必做的作业，也是听说课补充的思政学习内容。每次听说课上，我们会安排一节课进行学生讨论和教师总结，并将所讨论内容放到课程思政的育人落脚点上。

2020 年上半年新型冠状病毒肺炎疫情始终是影响我们工作和生活的主要因素，所以在课程思政的内容设置上，我们结合疫情，将人文精神、科学精神、使命担当、爱国情怀和信念教育等融入我们的听说课堂中。在讲授与疫情相关的重点词汇基础上，除了科普防控知识，我们又通过观看视频和学生讨论等方式，引导学生积极思考和感悟在这场战"疫"中展现出的"中国式团结""中国效率"和"中国精神"。以一个西班牙人制作的新型冠状病毒肺炎疫情视频为例，视频中他介绍了西班牙疫情中 65 岁以上老人被撤掉呼吸机的可悲现实以及他对西班牙政府疫情期间不作为的控诉。

课前将该视频发给学生进行听力学习，让学生结合 China Daily 手机报学到的词汇，准备下面三个问题的讨论：

①What are the people in Madrid facing and suffering as the coronavirus is spreading?

②What are the suggestions of the man in the video?

③What're your feelings about the video? What do you think the difference of measures taken by the governments of Spain and China in fighting against the pandemic?

通过课下的学习准备，学生们积极踊跃地参与到课堂讨论中。他们从社会制度、抗疫措施、医疗责任和费用的承担方面，比较全面地分析中国和西班牙两国在战疫中采取的不同应对措施，并指出中国政府在应对疫情中发挥了强有力的作用。讨论中能够明显感受到学生们清晰意识到中国特色社会主义制度的巨大优越性，感受到强烈的民族自豪感和战"疫"必胜的信念。

3　结语

大学英语课程思政还处于起步发展阶段，需要教师们借鉴兄弟院校的成功经验，积极探索，勇于创新，不断总结经验，将课程思政融入大学英语听、说、读、写、译的各个环节，为达到更好的课程思政育人目的而努力。

参考文献

[1] 徐晓艳. 大学英语课程思政的实践与思考 [J]. 山东教育（高教），2020（6）：31-32.

在大学英语阅读中培养思辨能力

李英杰*

摘要：鉴于思辨能力与阅读能力在很多特质上相似，本文结合思辨能力层级模型分析为什么可以在大学英语阅读中培养思辨能力。

关键词：大学英语阅读；思辨能力

1　引言

培养思辨能力是高等教育的核心内容之一。美国政府早在 1993 年就把对学生思辨能力的培养列入大学教育目标。我国在《高等学校英语专业英语教学大纲》中明确提出要加强学生思辨能力和创新能力的培养。良好的思辨能力可以让一个只掌握一定技能的匠人变成一个富有创造性的人才，但"思辨缺席症"在大学生中仍广泛存在[1]。加强大学生的思辨能力培养可谓刻不容缓。本文通过阐释思辨能力与阅读能力在许多特质上的相似性，说明为什么倡导通过提高大学英语阅读能力来促进思辨能力的发展。

2　思辨能力

思辨能力是指进行有意识的思考并作出有理据的判断[2]。20 世纪 80 年代以来，美国哲学会特尔斐项目组提出了双维结构思辨能力模型。根据该模型，

---

* 李英杰，北京工商大学外国语学院讲师，主要研究方向为应用语言学。

思辨能力分为认知能力与情感特质两个维度。其中认知维度可分解为阐释、分析、评价、推理、解释、自我调节 6 项能力，其中，分析、评价与推理为核心技能。情感维度包括好奇、自信等情感特质。

3　英语阅读

阅读是一种运用心智和已有知识理解文字内容的心理活动，分为一般和高级两个层次。一般层次的阅读属于认知层面的心理活动，目的是理解文章，熟悉、掌握阅读方法，对冲突点进行推理，调动理性思考、辨析的能力，更多地对应着层级理论的认知能力维度。而较高层次的阅读要求读者挖掘文章的深刻内涵，了解作者的心态、写作意图、遣词造句和谋篇布局等方面的匠心独具等，促使读者去挖掘文章的主题思想，让读者站在一个感性的角度去理解其中蕴含的深刻道理。在这个层次上，它更多地对应着层级理论的情感维度。

思辨能力与阅读能力在许多特质上相似。英语阅读能力又增加了信息处理的工序。因为英语、汉语表达习惯、构词、语法等皆有区别。例如在谋篇布局方面，英语文章段落通常以一个表示中心意思的主题句开始，接着是若干围绕主题句的分述，总体发展似乎是沿着一条直线。而汉语文章表达更为灵活，将意思蕴含在段落中，或把中心总结于最后一句。两种语言下的阅读章法各异，这对于习惯接受汉字传达信息的人来说，英语阅读给他们增加了一道工序，即把英语所传达的意思转换成汉语思维。此过程使人在接收信息时，要仔细地去理解、分析，锻炼了思辨能力。

另外，英语阅读所阐述的内容往往是英语国家对事物的理解，其中蕴含着不同的经济、政治、文化、历史、社会等背景差异。这使读者阅读时有语境地去思考，明晰在不同价值观下的不同表达，分辨黑白对错，用英语思维去理解事物。

4　大学英语阅读与思辨能力培养

阅读是思辨能力提高的前提，阅读能保证大量的知识信息涌入大脑，让读者进行分析比较、辨伪存真。阅读量小，知识面窄，只会导致片面地接受某一方面思想，或误解作者的真正意图。所以阅读是思辨的必要前提，思辨能力随着阅读能力的提高而得到锻炼。

另外,思辨也是阅读的内在要求。阅读是读者与语篇之间的互动过程。学会阅读,也就学会了构建自己的世界观。阅读的过程包含理解,也包含批判,在批判过程中形成独有认识。这与思辨内涵可谓一脉相承。在阅读中,读者预测文章内容、提出问题、寻找假设、推断作者要传达的要点。然后读者先对材料进行归纳概括、分析综合,然后将材料与已有经验知识进行对比,得出自己的判断。读者所进行的预测、推理、归纳概括、判断正是思辨能力的表现。可见,大量阅读在锻炼阅读能力的同时也调动了思辨能力的参与,在阅读中思考辨析有助于思辨能力的提升。

通过阅读,读者不仅获得了大量的知识,也了解作者的思辨过程。阅读过程首先是信息消化、思维判断的过程,同时,也是了解、借鉴别人思辨方式的过程。读者在阅读过程中能够感受到作者是如何对事情进行阐述剖析、推理判断的。通过大量阅读读者可以从旁观者角度,看别人怎么思考问题,接触不同人的思辨方式,最终作用于自己的思辨方式,提升思辨能力。

参考文献

[1] 黄源深. 思辨缺席 [J]. 外语与外语教学, 1998 (7): 1, 19.

[2] 文秋芳. 论外语专业研究生高层次思维能力的培养 [J]. 学位与研究生教育, 2008 (10): 29 – 34.

基于 CATTI 的 MTI 笔译案例教学探索*

刘　婧**

摘要：CATTI 作为国内最具权威的翻译专业资格认证考试，可以检验 MTI 人才的培养水平。MTI 教学与 CATTI 相互促进。MTI 教学强调翻译实践能力，与开展案例教学相契合。在 MTI 教学中融入案例教学是教学大纲的要求。CATTI 笔译考题选材广泛，时政性强，体现思政元素。本文以 CATTI 考题作为选材来源之一，探索在 MTI 笔译教学中实施案例教学。

关键词：CATTI；MIT；笔译案例教学

1　引言

全国翻译专业资格（水平）考试（CATTI, China Accreditation Test for Translators and Interpreters）是一项国家级职业资格考试，已纳入国家职业资格证书制度。CATTI 考试与 MTI（Master of Translattion and Interpreting，翻译硕士专业学位）教学相互促进。CATTI 职业资格证书与 MTI 教育的有机融合，使 MTI 教育的职业导向进一步明晰，是我国 MTI 教育的一大进步[1]。CATTI 考试内容主要涉及政治外交、经济旅游、金融贸易、信息科技、环境保护、卫生健康、法律商务、社会文化等相关时事。

---

　* 本文系"科技创新服务能力—省部级科研平台建设—社科省部级科研平台建设项目"（编号：19008020111）的部分研究成果。

　** 刘婧，北京工商大学外国语学院副教授，主要研究方向为翻译理论与实践、翻译教学、英语教学。

案例教学起源于 20 世纪 20 年代，由美国哈佛大学商学院所倡导，是一种教师和学生直接参与、共同讨论的教学方法，具有很强的实践性。本文旨在对 MTI 引入案例教学进行研究探索。

2　在 MTI 教学中引入案例教学的重要性

国务院学位委员会 2007 年发布的《关于下达〈翻译硕士专业学位设置方案〉的通知》中提出了 MTI 的具体教学目标。在 MTI 的教学中引入案例教学是许多业界有志之士的共识，有助于培养具有实践能力的应用型翻译人才。MTI 教育强调翻译实践能力，使开展案例教学成为可能[2]。在教学过程中要注重结合社会需求，加强案例教学，培养翻译的实干能力，这对教育队伍提出了更高的要求[3]。

3　案例教学法在 MTI 笔译教学中的运用

3.1　课前案例与理论准备

作为 MTI 案例教学的选材之一，CATTI 选材有很强的时效性，来源广泛。汉译英考题来源于政府工作报告、白皮书、政要的重要讲话、政府企业部门官网等。英译汉考题来源于联合国文件、外媒外刊网站等。案例选材的必选来源还要契合学院法商培养方向。案例提前给学生准备，包括案例的来源、背景知识、专业术语，还有相关翻译理论准备。学生在课前需进行文献阅读，了解翻译方法以及语言对比等。在案例提供给学生前，学生还需提供自己的译文。

3.2　课堂案例教学实施

在具体课堂实施中，教师先对案例进行简要陈述，之后学生分小组讨论。小组讨论是案例教学的关键，讨论包括对案例译文的评析，案例的翻译方法，并结合理论进行案例分析，使学生充分领悟翻译理论、翻译策略与技巧。小组代表整合小组成员的观点，进行小组案例分析集中发言。在分组讨论中教师轮流倾听学生个人的阐述。案例分析、讨论结束后，教师进行总结。案例教学要在理论基础上进行。课堂案例教学之前，学生结合文献和相关翻译理论，形成思路，课堂开展充分讨论，对于译例的分析还可借鉴语料库，理论与实践相结合。

3.3 课后案例报告撰写

学生在课后要撰写案例英文报告。教师要说明案例报告的格式、写作规范，需结合理论对案例进行分析、总结，为学生毕业论文及相关学术性论文的撰写奠定书面表达写作基础。在报告中，学生还需对自己的翻译实践结合案例进行分析对比，总结收获和自身存在的不足等。在 MTI 笔译教学中融入案例教学，促进学生理论学习与科研项目相结合，提升学术能力[4]。

4　结语

本文探讨将 CATTI 笔试与 MTI 笔译案例教学相结合。案例教学以学生为中心，教师为主导，探索了二者融合的有效途径和教学价值，提高学生参与考试的积极性和通过率，契合学院的培养方向，响应国家对翻译人才培养提出的新要求，培养高层次、应用型、专业化的翻译人才。

参考文献

[1] 祝朝伟，杨志亭. CATTI 证书嵌入式翻译专业人才培养模式改革研究——以四川外国语大学为例 [J]. 中国翻译，2019 (4)：75 – 81.

[2] 冯全功，苗菊. 实施案例教学，培养职业译者——MTI 笔译教学模式探索 [J]. 山东外语教学，2009 (6)：28 – 32.

[3] 黄友义. 翻译硕士专业学位教育的发展趋势与要求 [J]. 中国翻译，2010 (1)：49 – 50.

[4] 彭青龙. 新时代外语学科研究生教育教学 "1 + 2 + 3" 高端人才培养新体系探索 [J]. 外语教学，2018 (5)：40 – 43.

思政隐性教育融入商务英语课程设计初探

陆　敏*

摘要：本文探索将主讲内容与时文阅读、热点话题相结合，从专业知识点中挖掘隐性思政元素，培养学生的家国情怀和民族自信。通过警示性案例的阅读与分析，引导学生用自己的眼睛看世界并进行反思，提高思辨能力，培养学生的诚实守信与责任担当。

关键词：思政隐性教育；商务英语阅读；课程设计

习近平总书记在全国高校政治思想工作会议中多次强调：高校要坚持不懈培育和弘扬社会主义核心价值观，要教育引导学生正确认识世界和中国发展大势，正确认识中国特色和国际比较，全面客观认识当代中国、看待外部世界；正确认识时代责任和历史使命，用中国梦激扬青春梦，为学生点亮理想的灯、照亮前行的路[1]。高校教师作为这一精神的践行者，需要挖掘专业课程中思想政治的隐性教育资源，在隐性教育中根植理想信念，推进思政人与专业教育、知识讲授与价值引领有机融合。

隐性课程这一教育学概念是由美国教育家杰克逊（Jackson）提出的[2]。它指的是"学校情景内进行和发生的、相对于明确陈述和预先计划的显性课程而言，处于隐蔽状态的教学内容"[2]。笔者认为通过输入与理论知识相关且包含隐性思政元素的商务时文阅读并对典型案例进行分析可以在商务英语阅读的教学实践中达到隐性思政教育的目的。

---

* 陆敏，北京工商大学外国语学院讲师，主要研究方向为商务英语、英语教育。

1　从知识点中挖掘隐性思政元素

借助阅读建构经济理论的知识框架，在教学中融入价值导向。将理论阅读、课文阅读与时文阅读、热点话题有机结合，深度挖掘知识点中的隐性思政元素，能潜移默化地提升学生的理性思维和价值判断，培养学生的家国情怀与民族自信。

以国际经济合作和贸易这两讲为例：

国际经济合作主讲单元以劳动分工、要素流动、国际经济合作等作为知识传授内容，辅以对各种经济合作组织（如上合组织）、外商投资与境外投资、并购（如吉利并购沃尔沃、苏宁收购家乐福等）等的时文阅读。在贸易保护主义与经济全球化主讲单元以比较优势、贸易、自由贸易、贸易保护主义等作为知识传授内容，辅以对贸易壁垒（如美国对华为、中兴的"337 调查""制裁"）、中国反制等时文阅读。借由对材料的精心选取，将知识传授和价值引领有机融合，引导学生深入、具体地了解中国和其他国家的经济关系，加深对中国促进"一带一路"国际合作的必要性的认识，形象地理解新时代中国特色大国外交、推动构建人类命运共同体。

2　借助警示性案例提高思辨能力

在知识点的传授过程中，结合典型的警示性案例分析，引导学生对与主讲内容相关的社会热点问题进行讨论，也是课程思政的一个非常好的切入点。大学阶段是学生世界观、人生观、价值观形成的关键时期，学生的主动思考远胜于教师的说教。教师通过选取警示性案例，引导学生用自己的眼睛看世界，不断反思。此类案例的阅读与分析有助于提高学生的思辨能力，培养诚实守信与责任担当，帮助学生树立正确的价值观。以"财务与会计"这一讲为例，通过输入安然公司财务造假、瑞幸咖啡财务造假等时文阅读，引导学生讨论并主动查阅资料，进而深刻理解财务造假会误导投资者的投资决策，导致未来公司运营存在不确定性，股东利益严重受损等。

简言之，通过对鲜活的时事新闻的精心选择，可以帮助学生就中西方经济发展进行对比。这样的课程设计不仅能够促进学生英语语言能力的提高和批判性思维的养成，还能够让学生用英文读懂中国，读懂世界和中国经济，努力将个人成长与祖国前途命运紧密相连，弘扬家国情怀，树立民族自信，激发使命担当，为实现中华民族伟大复兴的中国梦而努力。

参考文献

［1］董洪亮，赵婀娜，张烁，等．使高校成为坚持党的领导的坚强阵地——习近平总书记在全国高校思想政治工作会议上的重要讲话引起热烈反响［N］．人民日报，2016 - 12 - 11（1）.

［2］JACKSON P. Life in classrooms［M］. New York：Holt, Rinehart and Winston, 1968.

一对一线上授课模式研究

——基于腾讯会议和批改网

吕　绵[*]

摘要： 初步探讨基于腾讯会议和批改网的一对一个性化指导线上授课模式的应用范围、可行性及效果。

关键词： 腾讯会议；批改网；线上授课

由于疫情的影响，线上授课向人们展示了它巨大的优势、潜力和市场。线上授课也是探索实施网络化、个性化教育，积极发展"互联网＋教育"，探索智能教育新形态，推动课堂教学革命的重要一环。

充分利用腾讯会议和批改网等线上平台，实现教师对大学生英语翻译和写作方面的线上一对一个性化指导的线上授课模式，作为线下课堂授课有益和必要的补充。

1　一对一线上授课模式的特点

基于腾讯会议和批改网的一对一个性化指导的线上授课模式特别适合教学实际，具有针对性和便捷性等优点。

1.1　针对性

大学英语四级考试分听力、阅读、写作和翻译四大部分，学生的听力和阅

＊ 吕绵，北京工商大学外国语学院讲师，主要研究方向为英语教学、英语教育。

读水平可以在老师的带领下，通过大班授课的形式、做题技巧的讲解和学生个人的努力实现，而写作和翻译却需要长期的积累和练习，不是一朝一夕就能提高的。真正决定本科生能否通过大学英语四级考试、毕业生就业前景如何的却恰恰是他们写作和翻译等产出型的实践能力。鉴于此，着力培养和提高学生的翻译和写作能力就显得尤其重要。

老师在课堂上统一讲解写作和翻译技巧虽然便捷但是没有针对性，效果也是事倍功半，尤其是对一些写作和翻译基础较薄弱的学生而言，更是收效甚微。腾讯会议 + 批改网一对一个性化指导的线上授课模式正好可以解决这一难题。

1.2 便捷性

线下的一对一个性化指导是极度费时费力的，这一点老师们都很清楚。学生和老师的时间也很难协调。腾讯会议 + 批改网的一对一个性化指导的线上授课模式应运而生。此模式完全突破了时空的限制，不仅节约了交通消耗的时间，最主要的是随时可以进行。通过腾讯会议的屏幕共享，学生可以清楚地看到自己在批改网上的写作和翻译，老师可以逐字逐句讲解，当面批改指正，效果是立竿见影的。

2 一对一线上授课模式解决的问题

2.1 解决学生层面的需求

笔者在跟学生的日常交流和座谈中都多次得到过类似的学生诉求：要求老师对其进行一对一的个性化写作和翻译指导。但教师由于授课时间所限，根本无法实现个性化辅导的全覆盖。随着线上授课的大规模普及，学生们看到了希望。腾讯会议 + 批改网模式可以真正实现教师对每个学生的一对一个性化指导，真正做到有的放矢，让每一个学生了解自己在写作和翻译过程中存在的问题和差距，找到切实有效的改进和提升的方法。

2.2 解决教师层面的需求

基于腾讯会议 + 批改网的一对一个性化指导线上授课模式，既节约了教师每日通勤的时间成本和精神、体力消耗，又可以更加灵活、清楚的方式实现线下课堂写作和翻译内容的讲授，完成教学工作量，可谓一举两得。

2.3　解决学校层面的需求

此模式如可以大范围推广实施，必将极大地提升基础较弱的学生的写作和翻译水平，从而从根本上解决某些学生英语语法、词汇等基础知识薄弱的问题，提高其英语的整体水平，帮助其顺利通过大学英语四级考试。

3　结语

基于腾讯会议和批改网的一对一个性化指导线上授课模式具有重要的现实意义：探索大学英语常规课堂之外的授课新模式，形成学生学习新环境，实现教育质量新高度；切实提高学生的写作、翻译水平，助力大学英语四级考试；消除时空限制，实现个性化教育。此模式作为线下常规课堂大规模授课形式的有益和必要的补充手段，可谓"一石三鸟"，既兼顾了整体进度，又体现了个性化和差异化，还节约了老师和学生的时间成本，提高了教学效果。

浅谈英语分级教学中慢班
教学的问题及教学策略

邱国红[*]

摘要：大学英语分级教学贯彻了"以人为本"的教学理念，在教学中取得了一定成效，但同时也带来了些问题。发挥好"因材施教"的分级教学对慢班学生的作用，就需要教育决策者和慢班教师设计出切实可行的教学策略，使学生真正受益，并帮助他们循序渐进地提高英语学习的各项技能。

关键词：大学英语；分级教学模式；教学策略；教学设计

《大学英语课程教学要求》规定，大学阶段的英语教学要分三个层次：一般要求、较高要求和更高要求。该规定同时体现了"以人为本"和"因材施教"的教育原则。在大学阶段，面对更高水平的教学要求和社会对毕业生的不同需求，学生水平的参差不齐使自然班的教学效率低下，教师很难开展有效的教学，也难以满足不同水平学生的学习需求和对未来职业发展的需求。

分级教学模式重视学生的个体差异，打破原有的自然班制，将不同水平的学生编入不同的级别，并制定相应的教学设计和策略，采用不同的教学方法或教材，使各层次的学生各得其所，这样的教学模式毫无疑问有其明显的优势。但笔者在从事了多年的快班教学和几年的慢班教学后，明显地注意到了慢班普遍存在的一些问题。如何找到对策应对新的挑战，使慢班学生真正受益于分级教学，是本文目的所在。

---

* 邱国红，北京工商大学外国语学院副教授，主要研究方向为英美文学。

1 慢班学生的情感问题、学习障碍及教学策略

1.1 慢班学生普遍存在消极受挫的情绪

笔者所在的高校是在学生入学后马上进行分级考试的。仅凭一次考试就将学生分为不同层次，这种做法其实在学生中颇有微词，被分到慢班的学生尤为如此。他们普遍的感受是，刚刚如释重负地上了大学，没兴奋几天，就被分到了慢班，这使得他们的情绪一落千丈。在他们的意识中，所谓慢班就等同于差班，这无异于告诉别人自己的学习能力和水平是有限的。由此所导致的悲观消极情绪弥漫在慢班的课堂教学中，这和快班的活跃又朝气蓬勃的气氛形成了鲜明的对比。慢班的课堂本身就缺乏优秀学习者的带动，再加上这种消极受挫情绪的蔓延，慢班学生的学习积极性和主动性受到直接影响，课堂气氛变得死气沉沉，毫无生气，也使得慢班教师压力很大。

众所周知，重视学习者的情感因素、积极疏导其情感问题，有助于改善他们的学习效果。作为笔者个人的教学体验，第一次课就是学生的情绪和心理疏导课。首先，要帮助学生建立对于分级教学的正确认识，分析英语学习对他们未来生活和职业规划的重要性；其次，通过帮助他们具体分析学习目标和计划，分享一些成功学生的案例，使他们重拾自信，增强学习动力；最后，在教学中要及时指出他们过去学习的误区和错误，引导他们改善学习方法。学习效果改善了，学生的学习兴趣和自信心自然大涨。

因此，从事慢班教学的教师不仅要重视提高和夯实学生的英语基础知识，而且还要对慢班学生的情绪因素非常敏感。要通过有意识的疏导引导和轻松幽默的话语方式，改善慢班的课堂气氛、增强学生的学习动力和学习兴趣。就笔者而言，这样的方式确实卓有成效，不仅可以使学生在慢班课堂里获得更愉快和自如的学习体验，更重要的是提高了他们的学习效果，使得他们的学习成绩有长足的进步，一次性通过四级率很高。

1.2 培养慢班学生良好的学习习惯，提高自主学习能力

和快班学生相比，慢班学生除了基础知识薄弱外，学习的主动意识也较差。这很大程度上源于他们过去并不成功的学习体验。此外，科学的学习方法

和良好的学习习惯的缺乏，使他们在应对大学阶段更高的教学要求时显得力不从心，也大大挫败了他们的自信心和学习兴趣。为了扭转这种状况，教师除了精心教学，对慢班学生不仅要授之以"鱼"，更要授之以"渔"，引导他们用科学有效的方法，查补知识漏洞、纠正方法偏差。同时，教师还要及时鼓励和肯定学生取得的点滴进步，增强其自信心和自主学习意识。

2　分级教学的教学设计有待优化

其一，大学英语的分级教学无须分层过细，能体现出快、中和慢三个层次就好。过细的分层对教材的选择和评价机制会形成巨大挑战。若缺乏科学的教学设计和评价体系的支撑，分层教学就形同虚设了。其二，建议慢班实施"小班制"。鉴于慢班的各种问题，三四十人的小班能保证教师有精力关注学生个体的学习状况，并进行区别化指导。其三，继续保持目前小规模的"末位淘汰制"和"升班制"。这种学习过程的动态管理对于警示落后学生、激励优秀学生发挥了很大的作用，尤其能使慢班学生得到晋升通道，通过努力进入高级别的分层。这本身就是对其学习成果的最大肯定，能极大地激发学生的学习潜能和动力。

大学英语"课程思政"探索

史　云[*]

摘要：大学英语课程的教学全过程要在提高学生语言综合应用能力的同时，融入社会主义核心价值观和中国优秀传统文化等思想内容，从而有效践行立德树人的根本任务。本文探讨了大学英语课程中思政元素的挖掘和学生思辨能力的培养两方面内容。

关键词：大学英语；课程思政；思辨能力

1　引言

2016 年 12 月，习近平总书记在全国高校思想政治工作会议上的讲话中强调，要坚持把立德树人作为中心环节，把思想政治工作贯穿教育教学全过程，实现全员育人、全程育人、全方位育人（三全育人），努力开创我国高等教育事业发展新局面[1]。大学英语课程作为高校公共必修课，学时长，受众面广，开展思政教育尤为重要和必要。思辨能力发展是我国高等教育的核心目标之一[2]。然而，由于我国英语教学长期存在的应试导向，过度看重学生的语言知识和技能训练，忽视批判性思维能力的训练，导致"思辨缺席"[3]。本文尝试通过挖掘大学英语课程中的思政元素，探索提高学生思辨能力的有效途径。

---

* 史云，北京工商大学外国语学院讲师，主要研究方向为应用语言学、英语教育。

2 课程思政的概念内涵

课程思政是一种教育教学理念。其基本含义是：大学所有课程都具有传授知识、培养能力及思想政治教育的双重功能，承载着培养大学生世界观、人生观、价值观的作用[4]。学生对国家政治、道德情怀、明辨是非等具有本能诉求，思政课可以发挥传道解惑的作用，帮助学生在科学的方向指引下实现人生价值。

3 大学英语课程思政功能现状

多年来，大学英语思政功能的发挥并未得到足够的重视，其原因包括：教学内容的选取忽视中国文化、教学目的的功利性、教师思政理念的缺失等。例如，课文主要体现西方文化和价值观，缺少中国传统文化内容，学生无法深刻体会中国文化精髓，更遑论中国文化的输出。有些学生盲目推崇西方价值观，缺乏一定的判断力和理性认识。教师有责任引导学生树立社会主义核心价值观，增强学生对中华优秀文化的自信心。

4 思辨能力

思辨能力指个体针对现象、事物的利弊进行独立、综合的评判，提出问题，并通过信息的搜索、分析、思考、推理等步骤来解决问题的能力。思辨能力是创新能力的前提和基础。然而，大学英语教学中普遍存在重视语言知识技能训练，忽视思辨能力培养的问题。思辨能力不是人天生具有的，需要后天持续有效的训练。在目前高校学科教学中融入思辨训练的内容是可行的。很多思政话题基本都是复杂的现实问题，没有现成答案，因此开展批判性思维活动存在一定的可行性。

5 课堂设计

教师需要挖掘文本的思政元素，展开思辨技能训练。除了解决词汇层面和文本浅层次理解，引导学生多视角评价课文，教师可以根据思政话题，设计以培养学生分析和判断能力为目的的活动。下面以《新标准大学英语综合教程》第三册第六单元为例说明。

第六单元主题为节日。教学目标里增加了中国节日习俗的英语表达方式，通过介绍中国节日历史文化来源，提升学生的文化自信和自豪感，帮助其在未来的跨文化交际中讲好中国故事，传播中国文化。师生共同设计活动子话题，如"东西方节日介绍""节日的文化含义""西方节日对中国文化的影响"等。学生小组选择不同话题，收集资料，阅读文本，小组讨论，最后形成报告在课堂上汇报成果。在此过程中学生能够从资料的查找和筛选、文本的分析、团队合作、报告撰写和修改等方面不断提高英语的综合应用能力、思辨性阅读能力、写作能力和合作能力。

6　结语

围绕"三全育人"，教师要不断探索育人模式改革，充分利用教材和互联网丰富的德育资源，大力挖掘育人元素，融合当前社会发展的主流，使学生感悟中国文化，增强文化自信，做到课程改革建设有力、有为、有效。

参考文献

［1］习近平：把思想政治工作贯穿教育教学全过程［N］. 中国教育报，2016 – 12 – 09（1）.

［2］刘晓民. 论大学英语教学思辨能力培养模式构建［J］. 外语界，2013（5）.

［3］黄源深. 思辨缺席［J］. 外语与外语教学，1998（7）.

［4］安秀梅.《大学英语》"课程思政"功能研究［J］. 文化创新比较研究，2018（4）.

CET4 翻译测试对大学英语教学的启示

汤惠敏[*]

摘要：CET4 翻译测试采用段落翻译新题型后，难度较之前增大，考查学生使用词汇和句型、段落的组织和连贯及运用合适的翻译策略，考查学生的语言综合运用能力。CET4 翻译测试体现了中国文化、中国元素。这给大学英语教学带来了一些启示，学生需夯实英语语言基本功，教师需注重跨文化教学，将介绍西方文化和介绍中国文化有机结合起来，促进学生对中国文化的了解，帮助学生能更好地介绍中国文化。

关键词：CET4 翻译测试；大学英语教学；启示

1 引言

听说读写译是英语语言的重要组成部分，翻译能力作为一项重要的英语语言能力，也是大学英语教学关注的重点之一。

大学英语四级考试（College English Test Band 4，CET4）是国家统一的标准化考试，考查大学英语教学大纲的内容，客观公正地测量大学生的英语水平和能力。大学英语四级考试题型丰富，经过数次改革，现在的四级考试包括四种题型：写作、听力、阅读和翻译。CET4 体现了大学英语课程对于学生英语能力的要求。

CET4 对大学英语教学具有反拨和指导作用，其中的翻译测试对大学英语教学也有反拨和指导作用。CET4 翻译测试在四级考试中的比重较大，翻译教

* 汤惠敏，北京工商大学外国语学院讲师，主要研究方向为外国语言学与应用语言学。

学在大学英语教学中非常重要。

2　CET4 翻译测试

自 2013 年大学英语四级考试改革以来，大学英语四级考试采用了新题型，翻译部分由原来的句子翻译变成了段落翻译。改革前的翻译题型为五个句子，以句子补缺的形式，难度较小，占比 5%，主要考查学生的词汇、短语、搭配等能力。改革后的翻译题型是段落翻译，要求考生在 30 分钟内将一篇 140—160 词的中文段落翻译成英文段落的任务。段落翻译新题型，难度较之前增大，占比 15%，主要考查学生使用词汇和句型、段落的组织和连贯及运用合适的翻译策略，考查学生的语言综合运用能力。

段落翻译新题型基于一段中文段落，主题明确，所涉及的主题很广泛，如中国历史、文化、节日、经济、社会发展等主题，中国元素贯穿于段落翻译，所涉及的很多词汇也与中国元素相关。最近三年的 CET4 翻译测试主题见表 1。

表 1

考试时间	翻译测试主题
2019 年 12 月	家庭教育、家庭观念、中文姓名
2019 年 6 月	剪纸、舞狮、灯笼
2018 年 12 月	手机阅读、手机依赖、移动支付
2018 年 6 月	飞机出行、公交出行、地铁出行
2017 年 12 月	泰山、华山、黄山
2017 年 6 月	黄河/长江/珠江

从中可以看出，CET4 翻译测试题多样，富于变化，涉及中国的传统文化、旅游出行、家庭、手机、地理等多个话题，体现了中国文化，加大了中国文化的传播，增强了文化自信。

3　给大学英语教学的启示

3.1　学生应夯实英语语言基础，提高翻译能力

在平时的学习中，学生应注重词汇积累，尤其是翻译类及中国元素类词

汇。学生应通过阅读来扩大和强化词汇量，灵活运用词汇，学会使用一些闪光词汇；关注一些英文杂志和报纸，如 *China Daily*，积累中国元素相关的词汇。

学生应学会使用从句。长难句的使用是四级翻译的一大难点。学会使用不同的从句，如定语从句、状语从句、各种名词性从句等，对学生来说是非常必要的。在课堂练习中，教师可加大对长难句的分析，加深对长难句的理解，学生多练习从句的写作和连接方式，有利于掌握长难句，更好地备考 CET4 翻译测试，深化句子的使用功能。

学生学会灵活运用一些翻译策略和技巧。词汇方面，学生应学会增词、减词、词性转换等策略；语态方面，学生应区分主动语态和被动语态；句子方面，学生学习灵活运用合句与分句等策略。除了译文要完整准确表达原文的意思，学生还要确保译文的风格与原文的风格是一致的。在平时的练习中，学生应该从 CET4 真题中多加练习并善于总结。

3.2 教师应注重跨文化教学，加大中国文化的教学比重

语言和文化紧密相连，语言既是文化的载体，也是文化的组成部分。《大学英语教学指南》中提到，大学英语教学目标包括增强学生跨文化交际意识和交际能力。大学英语课程的一项重要任务是进行跨文化教学，培养跨文化交际能力。CET4 翻译测试题型反映了大学英语教学大纲对于跨文化交际能力的培养，凸显了中国文化。

在大学英语教学中，教师应注重跨文化教学，将介绍西方文化和介绍中国文化有机结合起来。在平时的教学中，教师应该通过多种教学活动形式，让学生进行中西方文化对比，引导学生形成正确的文化观。

教师应加大中国文化的教学比重。除了教材里的西方文化背景知识外，教师在实际教学中应该增加中国文化相关知识的内容，注重传播中国文化，让学生能更好地了解中国文化，拓宽知识面，增强文化自信，并能更好地比较中西方文化的异同。学生加深了对中国文化的了解，能更好地介绍中国文化，将中国文化更好地介绍给世界。

外语教学中跨文化交际能力的培养策略

唐亦庄*

摘要： 本研究结合我国高校的教育目标和背景提出跨文化交际能力培养策略，指出跨文化交际能力在当今外语课堂中的定位以及缺失原因，结合 Michael Byram 的跨文化交际能力模型关注跨文化培养的知识、技能、态度、批判性文化意识维度，提出一些教学活动，将外语教学中的语言，文化和交际相融合，建立学习者的跨文化交际能力。

关键词： 跨文化交际能力；跨文化外语教学；培养策略

1 跨文化交际能力在外语课堂中的定位

在过去半个世纪的外语教学中，教学目标已逐渐从语言能力（language competence）扩展到交际能力（communicative competence）[1]，又延伸到跨文化交际能力（intercultural communicative competence）。目标语言的文化背景不同，也对应不同的适宜的交流方式，因此对于语言学习者来说仅仅提高语言能力是不够的。"学生需要跨文化交际能力，他们能够从外语教学里文化方面的教学中获益。"[2] 对于跨文化交际能力的定义、构成、测评、教授方式，不同的学者理解不同，常见的几套大学英语教材中对于跨文化交际能力培养的目标也不同[3]。但学者们公认的一点是，语言教育和文化教育是分不开的，在语言教学中，文化是必须教的，比如拜拉姆（Byram）就指出在学生们并没有多少

---

* 唐亦庄，北京工商大学外国语学院教师。

动力去学一门外语时，向他们介绍相对应的国家也可以提高他们的学习动机，有的大学生没有动力学英语是因为他们看不到学英语有什么用，文化教学以及对学生跨文化交际能力的培养可以非常好地弥补这一点[4]。

2 跨文化交际能力在外语课堂中的缺失

跨文化能力的教学内容在是在教学中较少被关注到的方面。奥米哥欧（Omaggio）给出了这种忽略的三个主要原因[5]。首先，教师的课程通常人满为患，没有时间花在教学文化上，因为这需要大量的工作。其次，许多教师自身对目标文化的了解有限，而文化是流动性的经常变化的，因此很多教师害怕教文化。最后，他认为，教师经常对文化教学以及跨文化能力培养应涵盖哪些方面感到困惑。

芬蒂尼（Fantini）也表示："文化学者通常忽视培养语言能力的重要性，这就如同外语教师通常忽视发展跨文化能力的重要性一样。"此外，因为不同的文化对什么是人类共同的价值观及其内涵有着不同的理解，使得跨文化教育难上加难。

为了帮助语言老师解决语言课堂中的文化问题，本文将尝试在拜拉姆的跨文化交际能力模型的基础上提出一些教学活动，来建立学习者使用目标语言时的跨文化交际能力。

3 从四个方面全方位培养跨文化交际能力

拜拉姆的跨文化交际能理论模型是这一研究领域内最有影响的模型之一[6]。它包含有四大要素：知识（knowledge），即对某社会群体及其产品，对本国及交际对象国的行为方式，对社会和个人交往的一般过程的了解；技能（skill），一项技能是结合自身文化或事件对另一文化的相关知识或事件进行阐释的技能，另外还有发现和互动的技能，指能够获取某文化或文化活动新知识，并且能够在实际交流中综合运用态度、知识和技能的技能；态度（attitude），包括好奇心和开放的心态，表现为不急于对自身文化做出肯定的判断而对其他文化做出否的判断；批判性文化意识（critical cultural awareness），即能够依据明确的标准对来自自身文化以及其他文化和国家的观点、行为和产品做出判断的能力。Byram 的跨文化交际能力理论模型有一个显著特点：把以交际式语言学习为基础的跨文化交际能力的概念融入模型中。下面提出一些从四个方面培养跨文化交际能力的方案。

3.1　知识

老师可以向学生讲解跨文化能力的概念，并为他们提供一系列目标语言知识领域的清单，这些清单要为发展跨文化能力提供可能性，包括地理、历史、政治、家庭、教育、法律秩序、宗教、艺术等。这里可以采取凯恩（Cain）开发的方法[7]，要求学习者记下老师提出的每个主题相关的五个关键词，然后围绕着这五个关键词进行详细学习、拓展以及讨论。这项活动是让学习者了解其所涵盖主题的文化背景知识的方法。

3.2　技能

学生可以在课下收集与他们在学习文化知识时和文化主题相关的材料。建议学习者从各种来源收集材料，包括但不限于书籍、影音纪录片、图片、视频或录音录像材料，如对母语人士的采访，文化讲座等。之后学生需要进行多种活动，比如可以通过课堂演讲等方式讲述整合并阐释他们收集到的信息。这项活动的好处是，通过学生既锻炼了发现、阐释文化知识的技能，又有互动的训练，可以进一步提高学习者的跨文化交流技能。

3.3　态度

跨文化交际的态度在拜拉姆看来也是非常重要的，他把语言学习者分为游客（tourist）和侨居者（sojourner）。在他提出的概念中，这两个概念用来区分不同的看待外国以及外国文化的态度。"游客"到了外国之后也许仅短暂停留，也许居住很长时间，或者没有出过国，他们对外国的兴趣只停留在异域风光上，而侨居者则会观察和体验当地人的生活。可见这种跨文化交际能力并不是体现在学习者在外国的时间，而是在于态度上。如果学生目前只能在教室里学习英语，但同样也挑战那些自己固有的价值观，去有意识地学习并感知目标语言文化和自身文化的异同，他们在跨文化交际的态度上便可以算作侨居者。在学习中，教师应当有效引导学生不单纯地关注语法知识词汇知识，而是真正对目标文化的现实生活以及行为模式产生兴趣，就可以增强学生的跨文化交际能力。同时，学生还必须了解本土的中国文化，在比较学习中发现和理解中外文化的表层和深层异同，这种跨文化比较学习对于今天的外语类专业学生来说尤为重要。相关的活动可以是就某一个主题进行中外对比，学生先收集目标文化中这一主题的相关信息，再和自己的文化作对比。另一个有效的教学活动是让学习者观看真实生活中的跨文化误解情况的资料视频，分析这种误解会导致人们感到困惑或冒犯的原因，要求他们成对或分组，把差异进行描述，对误解原因做出解释。

3.4　批判性文化意识

高一虹教授曾提出跨文化的"跨越"与"超越"[8]，"跨越"是最表面的跨文化交际能力，在本文中如跨文化知识以及技能的培养；"超越"是深层的、终极的跨文化交际能力，如跨文化的态度和批判性文化意识。在初学文化时，文化定势（stereotype）不一定是坏事，它可以作为文化学习的一个开始。随着"跨越"的实现，教师可以更加着重培养学生开放的态度和反思意识的学习，来实现"超越"，这也是拜拉姆理论模型的核心。这个阶段有条件的情况下让学生与母语人士进行录制采访是很好的活动。学习者分成小组，选择项目所基于的某一文化主题，并针对该主题准备问题采访。接着在课堂上，学习者再将受访者对特定主题的观点与他们自己的观点进行批判性的比较与讨论，并尝试用开放心态和批判性思维去看待不同文化。

4　结语

在外语课堂中培养学生的跨文化交际能力应当作为外语教学计划的主要目标之一。在本文中，以跨文化能力为出发点，提供了提升这四种跨文化能力的活动样本，以帮助学习者在目标语言和文化中进行流畅和恰当的交流，由于篇幅有限，没有列举更详细的操作实例。希望本文提出的活动可以帮助教学者以及学习者将语言学习的活动不仅视为对语言的练习，而且视其作为一种培养跨文化交际能力的教学活动。

参考文献

[1]　HYMES D. Communicative competence［M］. Harmondsworth：Penguin，1972.

［2］ BYRAM M，MORGAN C. Teaching and learning language and culture. Clevedon：Multilingual Matters Ltd.，1994：62.

［3］ 胡文仲. 文化交际能力在外语教学中如何定位［J］. 外语界，2013（6）.

［4］ 王强. 外语教学中的跨文化能力教育理念——Michael Byram 教授访谈［J］. 中国外语，2016（3）.

［5］ OMAGGIO A. Teaching language in context［M］. 3rd edition. Boston：Heinle and Heinle，2001.

［6］ BYRAM M. Teaching and assessing intercultural communicative competence. Clevedon：Multilingual Matters，1997.

［7］ CAIN A. French secondary school students perception of foreign cultures［J］. Language learning journal，1990，2（1）：48 – 52.

［8］ 高一虹. 语言文化差异的认识与超越［J］. 外语与外语教学，2002（10）.

课程思政视野下的大学英语教学探究

陶 爽 *

摘要：大学英语课程思政教学是时代和中国国情发展的需要，为新时期培养高质量人才提供了保障。大学英语教师应积极探索课程思政教学，以实现新时期大学英语教学目标。

关键词：大学英语；课程思政

1　课程思政概念的提出

"课程思政"这一概念是 2014 年由上海市委、市政府提出的，意指"将立德树人作为教育的根本任务，深入发掘各类课程的思想政治理论教育资源，使各类课程与思想政治理论课同向同行，形成协同效应，构建全员、全程、全课程育人格局的一种综合教育理念"。这一理念强调除了知识传授外，专业课程还具有思想政治功能和意识形态功能[1]。课程思政是我们在新时期培养道路自信、理论自信、制度自信、文化自信的青年的有效方式，为新时期培养高质量人才提供了保障。

2　大学英语教学的特点

大学英语教学具有鲜明的时代特征，其教学活动已不再满足于改革开放初

---

* 陶爽，北京工商大学外国语学院讲师，主要研究方向为外国语言学及应用语言学、语篇分析和功能语法。

期促进中外交流、向外国学习的主要目标。在新时代，我国面临更为复杂的国际形势和民族复兴的伟大使命，除了促进中外交流和学习外国先进技术，大学英语更是要培养具有家国情怀、传承中国文化并让中国文化走出去的青年。2017 年的《大学英语课程教学要求》明确指出，大学英语课程不仅是一门语言基础课程，也是拓宽知识、了解世界文化的素质教育课程，兼有工具性和人文性。这意味着，高校英语课程的教学目标除了语言知识和语言技巧的传授，还承担着培养学生文化素养，塑造其正确的人生观、价值观和世界观的任务[2]。大学英语是一门高校公共必修课，拥有最广泛的学生基础，其授课的对象来自高校的各个专业即未来社会发展的各个行业，因此，大学英语是最适合进行课程思政的课程之一。

3　课程思政在大学英语教学中的实施

3.1　大学英语教师思政能力的提升

教师是教学活动的设计和引领者，大学英语课程思政的有效实施首先需要提升授课教师的思政能力。大学英语教师不仅要有英语专业知识，更要有较高的政治觉悟和爱国主义情怀与信念，勇于传承和发扬中华民族的传统文化，能够与时俱进，弘扬社会主义核心价值观，从而指导学生树立正确的世界观、人生观和价值观，培养出适合国情和民族复兴与发展的高质量人才。

3.2　大学英语课程思政素材的提炼

随着教学改革的深化，大学英语教材越来越丰富、灵活，融入了更多的各国文化元素。但现阶段在大学英语众多教材中，很少见到中国文化素材。这便对大学英语教师提出了一个新的要求：在备课时，在全面精准掌握教材的同时，要从中找出并提炼课程思政的元素，并将其与英语教学系统紧密地结合在一起。授课教师既要有英语专业知识，又要对中国文化、时事热点、中国特色政治等有准确的掌握与了解，并能将其有效融入英语教学。

除了英语教材，互联网是大学英语课程思政绝佳的素材平台。中国人文地理、风俗民情、时事政治、传统文化等方面的英文表达都是大学英语课程思政的素材，有利于帮助学生树立正确的世界观、人生观和价值观，培养青年一代的"四个自信",讲好中国故事,让中国文化走出去。

3.3　调整大学英语授课模式

大学英语教师要充分利用教师的主导性和学生的主体性,把教师讲解和学生展示有机结合,通过课前预留思政元素点供学生自主收集、整理材料和课上演示、演讲、提问、小组活动等方式进行呈现并予以指导,从而达到英语语言和文化学习、跨文化对比、传承与发扬中华文化、让中国文化走出去、培养出高质量人才的目的。

4　结语

大学英语课程思政教学可以使学生在英语学习的同时传承和发扬中华优秀传统文化,既能让学生拓宽视野,增长见识,又能帮助学生树立正确的三观,避免盲目崇拜西方文化,远离拜金主义和享乐主义,从而提高人才培养质量,满足社会和时代发展对高质量人才的需求。

参考文献

[1] 安秀梅.《大学英语》"课程思政"功能研究 [J]. 文化创新比较研究,2018 (11).

[2] 杜刚跃,孙瑞娟. 高校英语教学"课程思政"有效策略研究 [J]. 延安大学学报 (社会科学版),2019 (8).

语篇信号应用于英语阅读教学中的一次尝试[*]

田　芳^{**}

摘要：本文是以语篇信号理论为指导进行的一次课堂实例教学。本文将语篇信号应用于英语阅读教学中，分析了一篇阅读文本的衔接方法，将篇章中的语篇信号抽离出来作为线索引导阅读，有效促进了理解并帮助学生深入了解作者的写作目的。

关键词：阅读教学；语篇信号；衔接

语篇的各部分之间通过建立意义上的联系来达到语篇整体的衔接，而衔接关系又界定了语篇各部分之间联系的本质，进而帮助我们创造和理解语篇结构。因而对于语言学习者来说，了解语篇内的连接关系能有效促进阅读理解和构建自己的语篇。

英语语篇内的衔接关系经常是以语篇标记语标识出，例如 because 意味着因果关系，if 表示条件关系。但语篇标记语并不能显示所有的衔接关系。例如：

Mary is a big fan of Tylor Swift. She has listened to all her songs.

这两句之间并未出现篇章标记语，但两句之间明显是有联系的，第二句的 she 前指第一句的 Mary，第二句的 her 前指第一句的 Tylor Swift。这两句之间的联系由代词体现，即两句之间的联系是指称关系。

读者在理解语篇时，需要在头脑中对语篇的前部分之间形成有意义的连

---

　* 本文系"科技创新服务能力—省部级科研平台建设—社科省部级科研平台建设项目"（编号：19008020111）的部分研究成果。

　** 田芳，北京工商大学外国语学院讲师，主要研究方向为二语习得、英语教育。

接。研究显示 90% 以上的连接是有信号标记的，而其中 80% 以上不仅使用了篇章标记语，还使用了其他信号手段，如指称、句法、语法等手段。下文以阅读教学中的一篇文章为例，展示如何将篇章信号理论应用于阅读教学中。

研究生英语综合教程中有一篇叙述，采用了先倒叙再顺叙的叙事路径。教师从语篇信号的角度对这个部分进行了讲解。

在叙述中事件是按时间顺序发生，叙述中也通常需要时间信号标记出事件的发生顺序。学生在外语阅读理解中更偏向于关注实义词即事件，这一点在学生的复述中体现出来，因而对于非严格按照从远及近的叙事而言，理解就会混乱。要提醒学生关注所有的时间信号，以及与每一个时间信号相关的事件，学生就能快速跟上叙述的过程并抓住叙事的思路。表 1 列出所有的时间信号和相关的具体事件。

表 1

时间信号	事件
31 – year old	Tracy Cyr believed she was dying
a few months before	she had stopped taking the powerful immune – suppressing drugs
never	she never anticipated what would happen
at the age of two	…diagnosed with juvenile rheumatoid arthritis, she had endured the symptoms and the treatments
this time	she was way past her limits
pretty soon	either the disease was going to kill her, or she might have to kill herself
her sleepless nights wore on	her suicidal thoughts began to be interrupted by new feelings of gratitude
each night	a new consciousness grew stronger
six months later	"Everything I'd known or believed in was useless—time, money, selfimage, perception. Recognizing that was so freeing."
within a few months	she began to be able to move more freely

这个叙事采用先倒叙再顺叙是为了突出文章的主题：逆境可能会促成一个人的成长，"变身"般的成长。叙事的起点，同时是时间线的切换点是"变身"开始的时候，在这一切换点之前的事件都是负面的、痛苦的，而在这一点之后事件出现转机，积极的希望呈现出来。

语篇分析的衔接信号理论提供了更多的角度理解衔接，帮助学生在整体上把握阅读篇章，能有效地促进阅读教学。

《商务英语专业本科教学指南》
关于商务英语教师要求的解读*

田　莉**

摘要：本文对《商务英语专业本科教学指南》进行解读发现，要完成专业必修课和专业方向课的讲授、实现商务英语专业人才培养目标，商务英语教师必须具有相关的商务知识和技能。

关键词：商务英语；教学指南；教师发展；人才培养

2020 年 4 月，高等学校外国语言文学类专业教学指导委员会（以下简称"外指委"）根据《外国语言文学类教学质量国家标准》和专业认证相关要求，发布了《商务英语专业本科教学指南》（以下简称《指南》）[1]。《指南》对商务英语专业的培养目标、培养规格、课程体系、教学要求、教学评价、教师队伍和教学条件等方面做了规定，设置了国际商务、国际贸易、国际会计、国际金融、跨境电子商务等 5 个专业方向。《指南》内容详尽、可操作性强，对全国商务英语专业建设、教学及人才培养质量的提升等具有重要的指导意义[2][3]。本文通过对《指南》相关内容的分析，解读《指南》对商务英语教师素质所提出的要求。

《指南》明确指出，商务英语专业教师队伍应具有合理的年龄结构、学缘结构、职称结构，形成教研团队。专任教师需要具有外国语言文学类学科或相

---

* 本文系"科技创新服务能力—省部级科研平台建设—社科省部级科研平台建设项目"（编号 19008020111）的部分研究成果。

** 田莉，北京工商大学外国语学院讲师，主要研究方向为二语习得、商务英语。

关学科研究生学历；熟悉外语教学与学习的理论和方法，对教育学、心理学等相关学科知识有一定了解；具有扎实的英语语言基本功、评价素养、教学设计与实施能力、课堂组织与管理能力、现代教育技术和教学手段的应用能力以及教学反思和改革能力；具有明确的学术研究方向和研究能力。

《指南》指出，各高校应制定科学的教师职业发展规划，通过学历教育、在岗培养、国内外进修与学术交流、行业实践等方式，使教师不断更新教育理念，优化知识结构，提高专业理论水平与教学、研究能力。教师应树立终身发展的观念，不断提高教学水平和研究能力。商务英语专业可以根据需要聘请行业或企业专家作为兼职教师和外籍教师。

商务英语专业的培养目标也对商务英语教师所应具有的素质提出了要求。《指南》明确指出，商务英语专业旨在培养"具有扎实的英语语言基本功和相关商务专业知识，拥有良好的人文素养、中国情怀与国际视野，熟悉文学、经济学、管理学和法学等相关理论知识，掌握国际商务的基础理论与实务，具备较强的跨文化能力、商务沟通能力与创新创业能力，能适应国家与地方经济社会发展、对外交流、跨境电子商务等涉外领域工作的国际化复合型人才"。这一培养目标对商务英语教师提出了较高的要求与标准，要求商务英语教师不仅要具有深厚的语言功底，还须具有商科类知识，只有这样才能培养出国际化复合型人才。

另外，《指南》从课程名称、教学目标、教学内容等方面对专业核心课程进行了描述。核心课程是根据人才培养目标设置的最重要的专业必修课程。《指南》要求商务英语专业学生在四年中修满 150~180 学分，其中公共基础类课程约占 30%，专业核心课程约占 38%，专业方向课程约占 17%，实践教学环节（含毕业论文）约占 15%。其中专业核心课程主要包括综合商务英语、商务英语视听说、商务英语阅读、商务英语演讲与辩论、商务英语写作、商务翻译、英语文学导论、语言学导论、西方文明史、经济学导论、管理学导论、商务导论、跨文化商务交际导论、商业伦理、中国文化概要、研究方法与学术写作等课程。专业方向课程主要包括国际商务、国际贸易、国际会计、国际金融、跨境电子商务等方向的系列课程。

核心课程描述不仅为高校的专业核心课程设置提供了指南，为学生的学科核心素养培养提供了依据，还对商务英语教师素质提出了要求。仅从课程名称就可以看出，相当多的课程，特别是专业核心课程和专业方向课程，其教学内容中包含商务知识方面的内容。以综合商务英语为例，其授课内容涵盖了语言技能、商务知识，以及主要英语国家、"一带一路"沿线国家和中国的商业文化。其所涉及的商务知识包括商业文化、国际商务、企业管理、市场营销、财务管理、商业竞争、商务谈判、国际贸易、国际纠纷、国际投资、创新创业、电子商务、物流运输、客户服务、商务办公等领域。如果授课教师不熟悉这些商务知识，很难引导学生在课堂上进行相关的讨论。专业方向课程如国际商务谈判、国际商法导论、战略管理等对教师商务知识方面的要求就更高了，仅具有语言学、文学或翻译背景的英语老师是很难胜任的。

从以上分析可以看出，尽管《指南》在"教师素质"模块没有对教师提出商务知识和能力方面的要求，但要实现商务英语专业的人才培养目标、完成商务英语课程的讲授，商务英语教师仅仅具有扎实的英语语言基本功和教学科研能力是不够的，还需要具有相关的商务知识和技能。

参考文献

[1] 教育部高等学校外国语言文学类专业教学指导委员会英语专业教学指导分委员会 . 普通高等学校本科外国语言文学类专业教学指南（上）——英语类专业教学指南［M］. 北京：外语教学与研究出版社，2020.

[2] 蒋洪新，2019，推动构建中国特色英语类本科专业人才培养体系——英语类专业《教学指南》的研制与思考［J］. 外语界，2019（5）：2 - 7.

[3] 严明 . 《商务英语专业本科教学指南》与商务英语一流本科专业建设［J］. 外语界，2020（1）：2 - 8.

隐喻认知论对外语教学的启示

王红莉[*]

摘要：本文在隐喻认知理论框架下，以理论研究与外语教学的相互关系与作用为视角，探讨隐喻思维研究成果对外语教学的影响与启发，尝试提出如何提高隐喻思维能力的可行性建议。

关键词：隐喻；隐喻思维；认知；外语教学

1 隐喻认知论简述

现代西方对隐喻的研究已突破了修辞学的界限。20 世纪 70 年代至今，各种理论不断出现，隐喻研究进入了包括认知心理学、哲学、语用学、符号学、现象学、阐释学等在内的多学科、多角度、多层次的研究阶段。其中影响最大的是拉科夫（Lakoff）和约翰逊（Johnson）的"隐喻认知论"。拉科夫和约翰逊认为隐喻不仅仅是语言形式，更重要的是人类普遍的认知方式，是我们形成概念、进行推理的基础。他们认为隐喻的本质是一个概念域（来源域）向另外一个概念域（目标域）的映射，隐喻式思维和其他感知一样，已成为人们认识世界和赖以生存的基本方式[1]。

总结相关研究结果，隐喻更多的是与思维而不是语言有关。隐喻的使用和理解并不仅仅涉及语言或话语过程，也涉及推理和概念过程。隐喻在日常语言

---

* 王红莉，北京工商大学外国语学院副教授，主要研究方向为普通语言学、认知语言学、话语分析等。

中居于中心地位，随处可见，借助一个领域内的词汇来描述另一个领域内的现象，以达到理解、认识新生事物的目的。越是在抽象的、陌生的领域，人们越需要求助于隐喻达到认知目的。一句话，隐喻影响着人的思维方式，是人类的重要思维活动之一。

　　隐喻是非常规、发散性的跳跃性思维，具有大跨度、高自由度的特点，还具有开拓性、独创性的特点。隐喻能把认知过程、情感过程和意志过程联系起来，从而将思维过程中理性因素和非理性因素充分调动起来。隐喻具有简练、生动、委婉、新奇并富于启发的修辞功能；填补词汇空缺、增加表达的形象性和准确性的语言学功能；作为人类组织概念系统的基础，人类认知事物的新视角及人类组织经验工具等方面的认知功能，以及作为诗歌创作等重要手段的艺术创作功能。

2　对外语教学的启示

2.1　对词汇教学的启示

　　词汇是外语学习的一大难点，一词多义是难中之难。隐喻思维在多义词的形成和领会过程中作用重大，因为英语中的多义词充分体现了隐喻思维的"发散性、跳跃性"特点。我们知道，新技术、新事物的出现使得人们在认知过程中需要新词汇来对其进行表达或命名，隐喻及隐喻思维就常常出现在这一过程中。如随着计算机科学的不断发展，出现了"information highway"（信息高速公路）、"mouse"（鼠标）、"download"（下载）等新词，经济领域中的新词"soft landing"（软着陆）、"bottle neck"（瓶颈）等都可以使人体会到隐喻思维在新词形成过程中举足轻重的作用。所以，将隐喻归类分析、建立目的语多义词类比库以及隐喻与识别词语的关系等方面的专题研究将为词汇教学提供极大便利。

2.2　对文化教学的启示

　　隐喻产生于体验，是文化的组成部分，文化的许多内容都是通过隐喻来表达和传承的，通过隐喻这个窗口可以透视文化。对隐喻的研究可以揭示语言与文化之间的关系，加深对文化的理解和把握。所以，通过系统地教授隐喻来进行文化教学是一种实用、有效的文化教学途径，可弥补当前文化教学的不足。通过帮助学生掌握隐喻的分析方法，教他们自觉地通过表面的语言现象发现和整理深层的文化内容，在提高学生隐喻能力的同时还能培养学生透过纷繁复杂的语言现象，探索深层文化本质的能力。

2.3　对语用能力培养的启示

隐喻的特点决定了隐喻的理解与应用必然带给学习者美学享受，激发其学习兴趣和创造性。外语学习水平的重要标志是能否用目标语进行思维，而培养学习者的目标语思维能力一直是外语教学的难点，隐喻为解决这一难题提供了可能。从隐喻思维入手对外语习得理论进行研究可以拓宽激发学习动机的渠道，寻求更可行的培养和提高学习能力、交际能力、创造能力的途径。

3　外语教学中如何培养隐喻思维能力

根据认知语言学对隐喻的本质认识以及隐喻思维的显著特征，外语教学中可以考虑采用如下策略帮助培养和提高学习者的隐喻思维能力。

第一，师生双方都要培养和建立隐喻思维观。可以考虑以文学修辞为切入点唤起学生对隐喻的初步认识，激发学习兴趣，然后再从认知科学和应用语言学等角度唤起学生对目的语中"隐喻的普遍性"的认识，使学生感受隐喻在语言中无处不在的事实，充分认识隐喻思维的重要性，认可隐喻思维能力跟外语学习效果的密切关系，建立良好的隐喻和隐喻思维意识。

第二，以应用为目的，结合教学内容，挑出使用频度最高的那部分概念隐喻，通过讨论分析、归纳整理，使学生理解并逐步掌握这些隐喻形成的思维过程，进而使学生熟悉并逐步建立起以目的语为母语的人的思维方式和语言习惯，增强语感，提高对目的语的理解能力和表达能力。

第三，多进行目的语与本族语的隐喻比较，这有助于学生了解和认识不同民族的社会文化间的异同，有助于培养学生地道的外语思维习惯。

参考文献

[1] LAKOFF G, JOHNSON M. Metaphors we live by [M]. Chicago：University of Chicago Press，1980.

浅谈大学英语教学中的输入与输出

王劲松*

摘要：输入与输出是外语教学中非常重要的两个方面，忽视任一方面都会令教学效果大打折扣。因此，在大学英语教学中，教师应该尽量实现二者的平衡以提高教学效果。

关键词：外语教学；输入假设理论；输出假设理论

教育部颁布的《大学英语课程教学要求（教学大纲)》提出的大学英语教学目标是"培养学生的英语综合应用能力，特别是听说能力，使他们在今后的工作和社会交往中能用英语有效地进行口头和书面的信息交流，同时增强其自主学习能力，提高综合文化素养，以适应我国社会发展和国际交流的需要"[1]。为了实现这个目标，大学英语教学就要有意识地平衡目的语即英语的输入和输出，使学生不再是语言知识的被动接受者，而是语言的主动使用者。

20世纪80年代初，美国语言学家克拉申（Krashen）提出了对二语习得领域产生重要影响的"输入假设理论"[2]。该理论认为学习者需要接触大量略高于其已有水平的有效语言输入来实现二语的习得，即 $i+1$，"i"表示学习者的现有语言水平，"1"表示学习者的现有语言水平与下一步要达到的目标水平之间的差距。有效的语言输入要满足四个条件：第一，输入应是可理解的（comprehensible）；第二，输入不应过分强调语法（not grammatically sequenced）；第三，输入应该是有趣的（interesting）并与学习者的经历密切相关的（relevant）；第四，输入的语言材料应该是充分且丰富的。

* 王劲松，北京工商大学外国语学院教师，主要研究方向为大学英语教学。

　　输入假设理论的提出对大学英语教学产生了重要影响。教师更加重视语言学习中的输入环节，在课堂上对语言知识进行细致深入的讲解，并为学生提供大量阅读和视听材料进行课上及课后的练习。这样做确实使学生的阅读能力和听力理解能力得到一定提高甚至显著提升，但是学生的写作能力和口语表达能力并没有得到相应改善。写作和口头表达是语言学习的输出环节。可见，输入环节的大力加强不能自然而然地带来输出环节的改善。这也引起了很多学者的关注和研究。

　　1985 年，加拿大语言学家斯温（Swain）提出了输出假设理论[3]。与克拉申截然不同，斯温认为可理解性输出才是语言习得最重要的环节，具备三个主要功能：注意/触发功能（noticing/triggering function），检验假设功能（hypothesis – testing function）及元语言功能（metalinguistic function）。其中的注意/触发功能最为重要，因为当学习者在输出遇到困难时会发现自身表达能力的不足，于是会有意识地学习目的语中的相关语言知识而完成目的语输出的顺利进行，从而推进目的语的习得。

　　以上两种理论各自强调了二语习得过程中某一个环节的重要性，但是，二语习得过程的三个环节——输入（input）、吸收（intake）和输出（output）是缺一不可的。在大学英语教学中，如果重输入而轻输出，很容易形成以教师为中心的课堂，学生会变成被动的语言知识接受者。这样的课堂不利于激发学生的学习兴趣和学习积极性，因为他们体会不到使用英语的乐趣。反之，如果重输出而轻输入，会出现拔苗助长的现象，对于英语基础薄弱的学生而言尤其如此；如果在他们语言输入严重不足的情况下就要求他们去输出，只会打击他们的信心，适得其反。

　　因此，教师应将输入假设理论和输出假设理论有机结合应用于大学英语的日常教学中，对语言习得的各个环节都要予以重视。大学生虽然经过了中学和小学的多年英语学习，但是由于应试教育的影响，多数学生在语言材料输入的量的方面是严重不足的。还有一些学生在语言材料输入的各个方面都存在不足。因此，输入环节并不是大学英语教学中可有可无的。为了完成输出环节，首先要进行有效的输入。在输入环节，教师应该注意有效的语言输入应满足的四个条件，在阅读材料和听力材料的选择上尤其要注意难度。根据输入假设理论，只有当输入的语言材料的难度介于学习者目前的语言水平和下一阶段语言水平之间的时候，输入才是有效的。所以首先教师要对学生现有水平进行充分了解和把握，从而为学生选择适合的语言输入材料。在关注难度的同时，还要尽量选择趣味性强及与学生相关性大的材料。

一定量的输入完成以后，教师应引导学生进行输出的环节。输出的形式多种多样，教师应根据学生的实际水平恰当选择。例如，可以以学过的文章为基础进行缩写、复述，对相关话题进行讨论、辩论。在输出的过程中，学生会发现表达自己思想时在语言上的欠缺和不足，于是会向语言材料或教师寻求帮助。教师可以为学生提供相关语言材料或鼓励学生自己利用网络寻找相关材料。这时，学生会更加积极地完成新的语言输入过程。由于此时的输入目的更明确，输入的需求更迫切，输入也会更高效。

可见，输入是输出的准备阶段，输出可以检验出输入的不足，从而激发学生进行新的主动输入，进而更好地完成输出。也就是说，输入到输出并不是一个单向的过程，而是相辅相成的。因此，大学英语教学中，平衡二者关系以建立二者的良性循环是非常必要而且有益的。

参考文献

[1] 教育部高等教育司. 大学英语课程教学要求［教学大纲］（试行）［M］. 北京：清华大学出版社，2004：6.

[2] 陈瑶. 克拉申第二语言习得理论的探析［J］. 神州，2013（35）.

[3] 冯纪言，黄娇. 语言输出活动对语言形式习得的影响［J］. 现代外语，2004（5）.

高校英语教师的反思：
在线教学还是应急远程教学？

王梦琳*

摘要：在全球疫情流行的背景下，本文结合笔者教学经历探讨了应急远程教学这一概念，认为 2020 年春季学期的在线教学是应急远程教学，能帮助大家理解其特点和随之而来的挑战。

关键词：在线教学；英语教学；应急远程教学

2020 年，面对肆虐的新型冠状病毒肺炎疫情，全球从幼儿园到大学不同层次的教学机构都被迫做出从面对面教学到在家在线教学的转变。与基础教育的全市甚至全省统筹安排相比，高等教育机构在疫情期间有更大的自由度，高校教师对课堂有更多的自主权。那么在全球大流行病的背景下，高校英语课堂是什么样的？有什么特点？本文基于 2020 年春季学期的北京某高校教学体验，探讨应急远程教学的特点，以及它所带来的挑战和反思。

1 在线学习和应急远程学习

在线学习（online learning）已经有多年的历史了，但是学界对于在线学习并没有一个官方的定义。它是一个很宽泛的概念，很多人认为通过网络展开的任何方式的学习都可以称作在线学习。因此，在线学习包含很多不同的概念，例如远程教育（distance education）、混合式学习（blended learning）和慕课

---

* 王梦琳，北京工商大学外国语学院讲师，主要研究方向为二语习得、计算机辅助英语教学。

（massive open online courses，MOOC）等，这些概念里在线学习所占的比例并不相同，有多有少，在整体教学中所发挥的作用也不一样。

如果只是用"在线学习"一词并不能准确地概括 2020 年春学期的课堂，应急远程教学（emergency remote teaching）会是更恰当的词。理解这个术语，也是我们理解和反思这段时间教学的过程。正如它的名字里的"应急"一词所示，这段时间的教学是在全球疫情的背景下，教师和学生都在家自我隔离无法返校进行面对面授课时所采取的紧急措施。"应急"体现在两点，一是突发性：与其他的在线教学不同，教师和教育管理者无法预见这次危机，也就无法提前计划和准备。教师们只有几周的时间来制订在线教学方案接着需要马上应对挑战，这是相当有难度的。第二点是缺乏规划，由于疫情和防控政策存在很大的不确定性，教师在制定教学大纲时完全无法确定具体在线教学持续的时间，存在很多变数，例如无法知晓学期内是否会有返校进行面授课的机会，很难从宏观的层面来设计课程。

"远程"是课程的另一个特点。对于大多数教师来说，即便有过在线教学的经验一般也都是混合式学习（blended learning），将在线学习融入面对面教学中，很少有教师有过完全的在线教学的经历。但在过去的一个学期中，所有的教学活动都需要在线开展，很多平时常见的课堂活动如何开展就变成了一个难题。

2　应急远程教学带来的挑战和反思

应急远程教学意味着师生所有的互动都在线上，即便是直播授课，当教师和学生都关闭了摄像头，隐藏在一个个名字背后，这样的在线课堂如何让师生有真实感是一个很大的挑战。学生缺乏真实感可能会降低课堂参与的意愿，教师缺乏真实感可能影响课堂讲授的投入程度。此外，英语尤其是需要很多互动的学科，学生不仅需要朗读来练习语音，还需要通过语言输出来内化所学的知识。但受到硬件设备、网络状况和家庭环境影响，不是每个学生在家参与应急远程学习的时候都能够打开麦克风回答问题。视频的互动就更难，涉及学生家庭隐私和视觉干扰等多个因素。直播平台提供虚拟背景可以解决一部分问题，但这背后也涉及教育公平等其他议题。

很多高校在设计应急远程教学的时候选择了直播授课的形式，直播授课中教师一般与学生共享屏幕同时做语音讲授，基本上可以还原教室讲课。但是在这样一个信息开放的时代，直播授课真的是最好的选择吗？教师在授课中应该带给学生什么？如果教师只是读讲稿的内容，是不是直接将讲稿或录制好的视频发给学生进行自学效率更高？而且大学英语课程一般面对的是成百甚至上千的学生。我们到底需要怎么样直播授课？是不是结合一些非同步交流的手段更有效？这是一些我们需要思考的问题。此外，很多师生反映应急远程教学取得的教学效果比预期更好，那么我们下一步要思考的就是在后疫情时代我们把学生放在一个教室里上大课的目的又何在呢？我们该不该反思与学生面对面的讲授存在的意义？

世界仍处在疫情危机之中，受篇幅影响，本文并没有提出英语教学的解决方案，而是希望借应急远程学习这一概念引发其他教育工作者的思考，同时也为疫情后的"互联网＋英语"教学带来价值。

英语专业精读课程学生思辨能力培养[*]

王晓庆[**]

摘要：培养具有思辨能力的创新性人才，是高校培养英语专业学生的战略性目标之一。本文关注英语专业人才培养当中的思辨能力，介绍了思辨能力的重要性，以英语专业精读课程为例探讨在教学实践中如何融合思辨能力的培养，从课堂预习、课文讨论和课后巩固等几个教学环节概述了引导和培养学生思辨能力的具体实施过程。

关键词：英语精读课程；思辨能力；学生培养

1　引言

思辨能力不仅对学生的语言学习有重要影响，更是社会所需求的高素质人才的核心素养之一。因此，在外语教学中，如何在语言教学中更好地渗透或突出思辨能力的培养，需要一线英语教师在实践中不断探索和研究。

2　思辨能力概述

思辨能力，顾名思义就是思考和辨析的能力。思辨能力随着受教育程度的提高而发展。大学教育给学生的最宝贵的取之不尽的财富就是"能力"，更准

　＊ 本文系"科技创新服务能力—省部级科研平台建设—社科省部级科研平台建设项目"（编号：19008020111）的部分研究成果。

＊＊ 王晓庆，北京工商大学外国语学院讲师，主要研究方向为理论语言学、语言习得。

确地说，是可迁移能力[1]。思辨能力的"思"强调培养学生独立思考能力，"辨"则要锻炼学生敢于质疑、勇于批判的能力。思辨能力对学生发展的重要性也要求英语教师在课堂的设计和讲授过程中要重点关注并强化对学生思辨能力的培养。

3　精读课程融入思辨能力

英语精读课程是英语专业学生在基础阶段进行基本功训练的主要平台，是学生和教师都十分重视而且也投入精力最多的课程。外语教学与研究出版社出版的《现代大学英语》在前言中明确指出："对好的东西能够欣赏，反过来又要加强对文章进行分析、评论和批判的能力"，"当今社会的多元化产生了意识形态的多元化，我们的学生必须在这混乱的世界里学会明辨是非，绝不能成为书本的奴隶。"[2]因此，在具体的课文讲授过程中，除了培养学生的理解能力，还要培养学生的赏析能力和应用能力。

在课堂预习环节，教师可以安排学生分组完成预习任务，包括重点词句、背景知识；在课堂教学环节，教师可以在课文导入和课文讲解阶段中，通过教师提问与评价、学生提问与评价的方式把思辨能力融入精读课堂的教学中；在课文讨论阶段，仍可以通过学生提问或教师提出思索性问题将课文内容进行延伸，引导对文章主题的思考。并且，可以辅助多样化的口头表达等课堂活动形式，如演讲、辩论、情景表演等形式来强化学生对课文主题的理解。课后巩固环节，教师可以通过个人写作或小组作业的方式帮助学生巩固课堂上所学的内容。课堂预习和课文讨论是输入过程，要重点培养学生对文章的理解和赏析能力，学会分析和思考文章的背景、观点和意义。课后巩固主要是通过输出的方式鼓励学生反思，从而形成有价值、有深度的个人观点。

4　结语

作为英语专业的核心基础课，精读课要发挥其应有的作用，保证真正做好精读的效果。教学过程中，以学生为中心，让学生积极参与课堂教学活动，增强学生独立思考与解决问题的能力，培养他们的创新意识与创新能力。教师则担当学习指导者与促进者的角色，在需要时给学生以具体的指导与帮助。对学生思辨能力的培养应落实在具体的教学活动中，在实际的教学中，教师应将各个教学环节问题化，引导学生思考教材，学会客观、理性、全面地看待问题，使学生敢于提出疑问、敢于反思、敢于挑战。这样才能做到语言、内容与思辨的融合，才能最终显示出教学成效。

参考文献

［1］孙有中. 突出思辨能力培养，将英语专业教学改革引向深入［J］. 中国外语，2011，8（3）：49－58.

［2］杨立民. 现代大学英语［M］. 北京：外语教学与研究出版社，2011.

融入课程思政理念的大学英语混合式教学*

王秀珍**

摘要：在大学英语教学中融入思政理念是当前中国高校面临的重要使命，是实现其工具性和人文性有效结合的良好途径。本文概述了课程思政与混合式教学的基本理念，探讨了如何在混合式教学中融入课程思政理念的途径。

关键词：课程思政；大学英语；混合式教学

1 课程思政与大学英语教学概述

课程思政是一种教育理念和思维模式，旨在以课程为载体，融入思想政治教育理念，把学科知识转化为育人资源，做到传授知识和引领价值的统一。课程思政是我国高校各类课程当前面临的重要使命。《中共中央国务院关于进一步加强和改进新形势下高校思想政治工作的意见》指出：高等学校各门课程都具有育人功能，所有教师都负有育人责任。要深入挖掘各类课程的思想政治教育资源，在传授专业知识过程中加强思想政治教育，使学生在学习科学文化知识过程中，自觉加强思想道德修养，提高政治觉悟[1]。

大学英语课程的特点、教学目标和人才培养模式也要求大学英语教学融入思想政治教育。2017 年教育部发布的《大学英语教育指南》（以下简称《指南》）明确规定："大学英语课程是高等学校人文教育的一部分，兼有工具性

---

* 本文为 2020 年北京工商大学校级教育教学改革研究项目"融入课程思政理念的大学英语混合式教学模式应用研究"（编号：JG205243）的成果。

** 王秀珍，北京工商大学外国语学院讲师，主要研究方向为第二语言习得、教学法和语言学等。

和人文性双重性质。"《指南》指出："社会主义核心价值观应有机融入大学英语教学内容。"[2]因此，要充分挖掘大学英语课程中蕴含的丰富的思想政治教育资源，实现其工具性和人文性的有效结合，响应时代的呼唤，让学生既要学习文化知识，还要提升思想意识。

2　混合式教学

混合式教学（blended learning）是在互联网的大环境中出现的一种有效的、多维度的教学策略，不受时间地点的约束，学生可以随时随地展开学习。混合式教学把传统课堂线下教学与互联网线上教学结合起来，有利于培养学生英语学习的自主能力、有利于学生综合语言能力的提高，能够促进大学英语教学质量的提升，增强教师的教学效果和学生的学习效率。

在大学英语教学中，有效利用"线下 + 线上"混合式教学的多元化模式，可以达到事半功倍的效果。一方面，混合式教学能够扩大教学的内容规模，让教师和学生能根据自身的需求来确定教学内容，从而优化教学资源的配置，提高英语教学的有效性。另一方面，混合式教学能够提升教学内容质量，打破传统的时间与空间限制，让学生得以通过网络渠道获取更大范围内更优质的英语教学资源，改善英语教学的质量。

3　混合式教学中融入思政理念的路径

以思政教育为导向的大学英语混合式教学模式的建构，应当充分考虑学生的学习主体地位，以促进大学生的全面发展为目标、以实现大学生的有效学习为中心。以思政教育为导向的混合式教学理念体现在教学模式、教学方法、教学内容、教学目标和教学环节等各个方面。

3.1　明确教学模式和教学方法

混合式教学模式包括线上和线下两个部分。线上主要是在课前为学生提供预习的平台，以及课后为学生布置任务进行复习。有效实行线上教学方式的直接影响因素是平台的选择。根据目前的情状，BB 平台、批改网、每日交作业小程序和微信群可以作为线上教学平台。通过 BB 平台，教师可以在课前上传教学课件和相关音频、视频，让学生完成预习任务。与此同时，让学生在 BB 平台的讨论区发表观点，完成相关主题的讨论任务。课后的作业可以提交在 BB 平台、每日交作业小程序或批改网上。

线下教学以教师讲解、答疑，学生之间的讨论和小组展示为主，主要目的是对教学内容进行深度学习，通过对篇章、语言知识点的理解应用进行思政元素的渗透。教师可以利用多媒体课件、视频、音频和补充材料等途径有效开展教学工作。在混合式教学模式中，教学方法以任务教学法和研讨式教学法为主，课上的研讨和课下完成任务是主要教学方法，学生可以以个体或小组合作的方式完成任务。教师可以以多种方式检查学生完成任务的情况。

3.2 确定教学内容和教学目标

教学内容和教学目标的确定至关重要，直接关系思政教育的效果。教学内容通常以现有的主干教材为主，从课文主题、词汇语言、篇章理解、练习作业中充分挖掘文章背后的爱国主义、人格品质、理想信念、中国文化等思政教育内涵[3]。为了实现教材中的思政教育目标，还需要补充一些语言教学素材，如国家政策精神导向、重要领导人的讲话精神、政府工作报告指导意见，时事热闻；中华优秀传统文化、中国古代哲学思想等。补充素材的内容应当紧扣主干教材的教学主题。

教学目标通常包括知识目标、技能目标和情感目标。知识目标是为了了解西方的文化历史，技能目标旨在培养学生的思辨能力和跨文化沟通能力，情感目标着眼于增强学生的文化自信、时代责任感和爱国情怀。教师应当充分发掘主干教材内容，适当补充课外资料，以教学目标为指导设计教学过程。

3.3 开展教学实践活动的几个环节

3.3.1 线上教学环节

线上教学主要应用在课前预习环节，教师可以参照教学目标，结合教材内容查找相关的视频、图片及文本信息，上传资料到教学平台供学生共享，使学生能够在课前充分利用课余时间对所学内容有初步的了解。教师根据教学目标及重点难点设置课前测试题，了解学生的预习情况。通过布置讨论问题及学前任务，加深学生对教学主题的理解并提高学生的学习兴趣。这样，学生除了依靠英语教材，还可以借助网络教学平台观看视频和阅读相关资料，提前了解知识内容，明确学习目标以及课堂上的教学重点、难点；对于有疑惑的地方，可以记录下来，在课上学习时会变得更有针对性。

3.3.2　线下教学环节

教师在开展线下课堂教学活动时，需要设计合理的知识目标、技能目标以及情感目标，根据思政主题使教学内容模块化。在导入阶段，主要以贴近生活、易于讨论的热身活动为主。教师根据教学目标和挖掘的思政主题，通过个人讲解、播放视频、班级讨论或小组展示的方式引入教学内容[4]，以此激发学生的注意力和学习兴趣。在课文分析阶段，教师可以从以下几个方面融入思政教育：一是与课文内容有关的思政主题。教师可以提前通篇阅读课文，从整体上确定思政主题。二是在语言点的讲解过程中融入思政主题。课文中的语言词汇可能出现在党政文件、历史经典当中，在讲解词汇中融入思政内容可以增加词汇讲解的厚度。三是在篇章讲解时融入思政元素，通过文化对比提升思辨能力，同时融入价值导向。在后续操练阶段，教师可以增加与思政内容相关的补充任务，形成课内课外相结合的思政教育格局。

3.3.3　线上＋线下混合式教学环节

大学生英语语言综合素质的培养和发展，需要经历一个循序渐进的过程，需要对已经掌握的知识进行反复记忆和巩固练习。所以，教师既可以引导学生在课下进行传统的复习和训练，又可以通过线上学习模块的建设，引导学生借助网络自主平台、手机小程序等开展课后自主学习，针对自己在阅读、听力、写作、翻译等方面的缺陷，自主选择混合式的学习资源，开展有针对性的课后复习和训练，最终实现英语学科素质的不断提高。教师可以提供与思政主题相关的扩展资源，让学生进一步学习，也可以通过布置读书报告、要求学生从语言和思想两个方面记录在本单元学到了什么。

4　结语

总的来说，课程思政是当前大学英语课程所面临的新课题，也是必须肩负的历史使命。思政教育融入外语课堂的实践永远在路上，需要语言教师在教学中不断地主动思考和探索。通过混合式的教学模式，大学英语教学要帮助学生以各种形式真正透彻地了解中国当下的社会、政治、经济问题，帮助学生用英语讲好中国故事。融入课程思政理念的大学英语混合式教学在培养学生出色的英语语言交际能力的同时，既要让学生了解国外的历史、文化及国情，也要让学生体味我国传统艺术、民族风情的魅力，认识到文化传承与发展的重要性，以此来激发学生的民族自豪感，培养学生爱国精神。

参考文献

［1］教育部修订公布《普通高等学校辅导员队伍建设规定》［EB/OL］．（2017 – 09 – 30）［2020 – 06 – 21］．http：//www. chinanews. com. cn/gn/2017/09 – 30/8344564. shtml.

［2］王甲能，郭宁，贾爱武．《大学英语》课程思政课堂教学创新实践探索［J］．黑龙江教师发展学院学报，2020（3）：142 – 144.

［3］李倩，严艳，陈淡，等．融入课程思政理念的《大学英语》混合式教学模式探索与实践［J］．湖北开放职业学院学报，2019（12）：71 – 73.

［4］张巨武．《大学英语》"课程思政"教学改革研究［J］．西安文理学院学报（社会科学版），2020（1）：94 – 99.

在线同声传译教学的实践与反思

王致虹*

摘要：新型冠状病毒肺炎疫情期间，各高校纷纷开展网络教学，同声传译作为一门要求面授的课程，在网络教学期间面临诸多困难。本文探讨在线同声传译教学应采取的策略，总结在线同声传译教学的经验，以期促进在线同声传译教学的发展。

关键词：同声传译；口译教学；在线教育

2020 年，新型冠状病毒肺炎疫情肆虐全球，为适应新形势，各高校纷纷开展线上教学。然而线上教学模式对于同声传译这门课而言却困难重重。同声传译是一门要求面授的课程，这主要是因为同声传译教学对设备和技术的要求高。在面授课中，通常教师可以借助同声传译教学系统，实现同步监听原语和目的语，从而评估学生的同声传译质量，做出恰当点评。然而目前并没有可以实现相同功能的线上同声传译教学平台，这就给线上同声传译教学带来了困难。

那么，在现有技术、设备的支持下，如何才能实现高质量在线同声传译教学？笔者认为，主要有以下几个方面。

第一，应确保连接稳定。如果有条件，教师和学生可使用有线网络、佩戴有线耳机，这是因为无线网络和蓝牙耳机皆存在断连的可能。

第二，教师应尽量选用稳定可靠的在线教学平台。诸如 Zoom、腾讯会议、钉钉都是稳定性相对较高的平台，很少出现因学生人数增加而导致的卡顿、延

---

* 王致虹，北京工商大学外国语学院讲师，主要研究方向为口译理论。

时。而且，由于同声传译讲求实时翻译，因此延时严重也会造成较大困扰。平台稳定性越高，网络延时就越小。

第三，教师应要求学生自行录制并发送同声传译目的语，以供点评。教师通过直播平台播放原语音频，学生佩戴有线耳机听原语，进行同声传译，同时可使用钉钉的语音信息功能，同步录制目的语，并在完成同声传译后直接将语音信息发送到班级钉钉群。教师随后可通过直播平台在电脑上播放学生发送的目的语，并进行点评。对于难度不大的原语，教师还可以要求学生使用电脑外放听直播课，同时录制同声传译。这样，教师在播放学生发送的目的语时，就可以同步监听原语和目的语，提高点评质量。值得一提的是，目前除钉钉外大多数平台仅支持发送较短时间（例如一分钟）的语音信息，而钉钉对语音信息的时长没有限制，这对于在线同声传译教学很实用，因为同声传译教学所使用的原语音频短则数分钟，长则十几分钟。

线上同声传译教学尚属新领域，还有诸多技术难关等待攻克。在现有设备和技术支持下，教师能做的就是充分地、综合地运用各类先进平台，实现协同教学，这样才能最大程度逼近面授同声传译课的教学质量。

大学英语线上直播教学的实践初探

许兰贞*

摘要：线上直播教学离不开必要的网络技术及相关资源平台，然而教学的本质和对象没有变化，因此教学重点仍是丰富翔实的教学内容以及积极有效的师生互动。实践证明投入大量的时间准备丰富翔实的教学内容，有助于提高线上课程内容的质量和内涵，能最大程度地保证学生们较高的课堂参与度，并确保线上教学的教学效果。

关键词：线上教学；教学内容；交流互动

2019 年底暴发的新型冠状病毒肺炎疫情给人们的生活和工作带来了前所未有的改变和冲击，整个社会仿佛被按下了暂停键，人们停止了外出游玩、聚会，企业暂停了生产和交易。对于高校教师和学生，"停课不停教、停课不停学"是我们在 2020 年寒假尾声接到的明确指令。"师生隔屏相见，教学线上直播"成为 2020 年春季学期的特殊打开方式，也是高校师生身体力行为抗击疫情、安定社会所做出的最好选择。

本以为，这是疫情时期的特殊之举，顶多是维持数周的权宜之计，时至今日却已经是历时整整一个学期的既成事实。回顾这一学期线上教学的实践过程，从中总结经验教训，是学习也是成长。

针对绝大部分学生手里没有纸质教材的实际情况，教师团队发挥了集体智慧，优选网上教学平台和资源，探索多种教学模式，使所有学生利用手机和电脑就能获得丰富的语言学习材料，实践证明在一个学期的线上教学过程中，英

---

* 许兰贞，北京工商大学外国语学院，主要研究方向为大学英语教学和商务英语教学。

语语言学习中的听、说、读、写、译等每一项基本技能都可以找到相应的支撑材料，教师们保质保量完成教学任务，实现了在线教学与实体课堂的基本同质等效。

开学之初，学生们就下载了"外研随身学"小程序（内含《新标准大学英语》教材的课文及音频）用于提前熟悉课文、单词，课后复习巩固；"U校园"是外研社旗下的一个智慧教学云平台，笔者利用"U校园"和腾讯课堂两个平台相辅相成，通过"线上＋线下"相结合的学习形式开展教学。每一个单元的课程内容包括线下预备、线上实施和线下反馈三个阶段。具体来说，线下预备是指授课前学生需至少提前一天完成自主学习，学习"U校园"平台《新标准大学英语视听说（2）》视频中的内容，并完成每个视频对应的任务及练习题。线上实施是指真正在线直播的教学过程，其中要解决的主要问题就是线上教学的互动感和参与度，为了让更多学生积极参与课堂，本人在上课过程中充分利用腾讯课堂的举手功能和讨论区，不论是课前的预热环节"weekly news report"，还是课文话题讨论，学生都可以以语音或文字的方式积极参与，体现以学生为中心的翻转课堂。另外，线上交流互动对于一些内向或平时课堂参与讨论积极性不高的学生反而是一个促进，他们不需要克服面对人群的心理压力，非常愿意在线参与讨论和互动。线下反馈主要利用班级微信群答疑解惑，用"每日交作业"小程序，一周两次发布限时任务（主要是英语美文摘抄作业和美文朗读录音作业），并对学生作业做出有效反馈，如公布优秀作业榜、分享优秀作业、对不合格的作业退回要求重做等。对此，同学们的反应非常积极，录音作业做得尤其认真，值得在之后的教学过程中大力推广。

语言是文化的载体。大学英语不仅要培养学生第二语言的语言应用能力，更要引导学生在中西方文化的对比中深刻领会中国的文化自信和大国担当，并把这样的一种自信和担当用英语表达出来向世界传递。在这场全球抗击疫情的特殊战斗中，高校教师进行线上课堂的意义绝对不能仅仅局限于知识的传播，而是要以时代为背景，结合国际国内实际情况让学生以理智和批判的眼光审视世界，以敬畏和感恩的态度对待生命。全球抗疫这一特殊历史背景既是学生学习的情境，更是学习关乎生命、家国和世界的最好内容。笔者把"疫情防控"的思政教育与大学英语教学相融合，提升每一堂课的针对性和实效性，充分利用网络资源，精心挑选英语学习微信公众号，认真设计、制作教学课件，力争让学生通过线上教学课堂"学英语、看世界、爱生命"。

  在 2020 年春季学期的大学英语在线教学实践中，笔者结合时事，不仅传授知识还分享积极正面的人生观、价值观和世界观，这样的教学内容设计换回了学生们网络授课时的积极互动与好评，不仅学生们的"听、说、读、写、译"各项语言技能得到锻炼，他们的沟通能力、思辨能力也有所增强。更让人欣喜的是他们的家国情怀和社会责任感也随之增强，所谓的"教书育人"就是在这样的过程中潜移默化地进行。

交际能力概念研究综述

闫 欣*

摘要：本综述为关于交际能力概念的三种理论模型，即 Canale & Swain 理论模型、Bachman 理论模型及 Celce – Murcia，Dornyei & Thurrell 理论模型。本文主要分析上述理论模型的主要内容及发展。

关键词：交际能力；理论模型；研究综述

交际能力的概念具有跨学科的特征。该概念的传播始于乔姆斯基（Chomsky）于 1965 年做出的对于能力和表现的区分，其中能力是指语言知识，表现指在特定情况下对语言的实际使用[1]。他所提出的语言能力概念是简化和静态的，不包括与交际相关的条件和情景的多样性，为后期研究提供了铺垫。海姆斯（Hymes）提出的交际能力概念是在乔姆斯基的基础上增加了使用规范。交际能力是对话者之间进行意义协商的能力，是人际之间的、动态的。学界关于该概念的研究提出了一些理论模型，以下对三种有影响力的理论模型进行综述。

1 Canale & Swain 理论模型（1980）

该模型分别提出了三种能力[2]。第一种是语法能力，指掌握语音学、词汇要素、形态学、句法学、语义学规则等方面知识的能力；第二种是社会语言能力，指依据适应交际环境和信息接收者情况的使用规则和话语规范运用语言的

* 闫欣，北京工商大学外国语学院讲师，主要研究方向为应用语言学。

能力；第三种是策略能力，指运用口头和非口头沟通策略来弥补交际困难的能力。卡纳尔（Canale）后来也将话语能力添加至该模型中，即通过衔接手段和连贯性实现语篇统一的能力。

2　Bachman 理论模型（1990）

这种模型区分了组织能力和语用能力[3]。组织能力是指能够产出和识别语法正确语句（包括语句内容和顺序）的能力。其中有两种能力：语法能力和语篇能力。语篇能力是指将语句组合成篇章的能力，包括衔接和修辞组织。衔接是指显式标记语义关系（例如引用、省略或词汇衔接等）的方式。修辞组织指文本的总体概念结构，与文本对读者产生的作用相关。语用能力指连接符号与被指之间的关系以及语言使用者与交际情景之间关系的能力。语用能力包括两个方面：言外能力和社会语言能力。言外能力是联系语句与说话者试图通过语句行使的行为或功能（暗示的字面意义之外的含义）的能力。社会语言能力指能使人们根据语言环境、语域、说话者和文化等来识别表述词句的正确性。

3　Celce–Murcia，Dornyei & Thurrell 理论模型（1995）

该模型包括五个子能力，即话语能力、语言能力、行为能力、社会文化能力和策略能力[4]。话语能力是指选择、排序和组织以进行口头或书面文本表达的能力，其要素衔接、指示、连贯、文体结构和会话结构等。语言能力指运用语法、词汇和语音的能力。行为能力是指对言语功能和行为的理解能力其与巴赫曼（Bachman）提出的言外能力概念及巴赫曼和帕尔默（Palmer）提出的功能能力相似；社会文化能力是指掌握使信息适应交际语境所需知识的能力，包括社会语境（对话者和对话情景）、文体因素（礼貌、正式程度等）、文化因素（生活方式、区域差异）和非口头交际因素（符号、手势、身势等）。策略能力则指使用沟通策略的能力，不仅包括弥补策略，还强调用于确认对话者的理解或寻求其帮助的互动策略。

上述模型都为第二语言教学交际能力研究提供了不同视角并互为补充。对于交际能力的定义，除了包括如乔姆斯基当时所提出的严格的语法和文本结构知识外，还应考虑到语用学、言语行为理论以及交流语境的多样性等。斯温（Canale & Swain）的模型首次扩展了这一概念，在概念的定义上将之从特定状态概念（如乔姆斯基提出的指同母语者一样的语言能力）改为动态概念，从而引发了辩论并产生了多种模型。上述模型中最全面的是塞尔斯 – 穆尔西亚，德尔涅伊和瑟瑞尔（Celce – Murcia，Dornyei & Thurrell）的理论模型。值得提出的是，一个第二语言学习者获得交流能力并不意味着完全掌握所有子能力。与母语者的比较可能会令学习者苦恼，使他们较吃力地达到所谓的"完美交际"的状态。毕竟总而言之交际能力指能使讲话者与他人进行有效的自然交流的能力。

参考文献

[1] CHOMSKY N. Aspects of the theory of syntax [M]. Cambridge：MIT Press，1965.

[2] CANALE M，SWAIN M. Theoretical bases of communicative approaches to second language teaching and testing [J]. Applied linguistics，1980，1：1 – 47.

[3] BACHMAN L F. Fundamental considerations in language testing [M]. Oxford：Oxford University Press，1990.

[4] CELCE – MURCIA M，DORNYEI Z，THURRELL S. A pedagogically motivated model with content specifications [J]. Issues in applied linguistics，1995，6：5 – 35.

WebQuest 模式下的网络探究型学习在大学英语课程思政教学设计中的应用

杨雪莹*

摘要：本文探讨了在"互联网＋"及高校教育"立德树人"的背景下，基于 WebQuest 模式的大学英语课程思政网络探究型教学设计，使大学英语课程思政从接受式被动学习向探究式自主学习发展。

关键词：WebQuest；大学英语；课程思政

WebQuest 模式，即网络探究模式，是在构建主义理论的基础上，以探究为目的的教学模式。它围绕一个特定主题展开，并面向有导向性的互联网资源进行自主调查研究。该模式集统一的探究目标和广泛的调研资源于一体，充分利用丰富的在任务相关范围内的互联网资源，为学生创造自主、交互的学习环境，并通过对调研结果的展示、讨论、总结及拓展实现教学目标。大学英语作为公共通识课程，是开展课程思政的重要环节，同时承载着培养当代大学生增强文化自信，提高跨文化能力的重要使命。然而，目前的大学英语课程思政存在一些问题[1]。基于 WebQuest 模式的课程思政网络探究模式，教师可围绕思政内容设计单元主题的网络探究式自主学习任务，将课前任务与课堂讨论相结合，呈现出完整连贯，生动高效的大学英语课程思政。

---

* 杨雪莹，北京工商大学外国语学院讲师，主要研究方向为英语教学、二语习得。

1　教学设计

WebQuest 模式由六个模块组成：引言（introduction），任务（task），过程（process），资源（resources），评估（evaluation）和结论（conclusion）。其为学生搭建了一个思维"脚手架"，在课堂设计和教师引导下提高知识水平，培养思维能力[2]。该模式下的大学英语课程思政网络探究型学习可整合为四个模块，形成以学生为中心，由任务驱动，面向丰富的互联网资源的自主探究型学习。

第一部分为情境、任务与头脑风暴。教师通过单元内容设定一个相关情境，激发学生兴趣并开展头脑风暴，继而自然引出思政背景知识介绍，并明确网络调研主题及任务目标。第二部分为流程与资源，教师提供该任务的具体步骤及与任务相关的网络资源和调研范围，给出可参考的调研框架或方法，最后明确任务评价维度并分组。第三部分为自主调研与展示，学生可在课前进行该任务的网络自主探究，通过整合加工上述模块提供的互联网信息进行方案设计，小组协作将探究成果形成一个具体方案，在课上进行小组展示。第四部分为探讨、评价与结论，以学生探究成果的开放性展示及探讨为主，由教师带领学生进行自评、互评，在教师引导下进行总结，升华思政立意。

2　网络探究型课程思政的几点思考

2.1　主题选择与模块呈现

在思政内容切入点的选择上，教师应将其与单元主题自然衔接，主题情境需将思政内容与语言知识有机结合，避免空谈大道理式课程思政。情境任务可更具实践性与调研价值，与学生的专业知识领域联动，如为经济相关专业学生设定如"在了解我国扶贫政策的基础上，帮助某贫困地区进行农副产品向国外推广"的虚拟情境，引导学生对国家政策、国计民生、市场规律、语言沟通等多方面进行调研，提高综合素养。在模块呈现上可根据课程安排进行灵活调整，例如以网络在线课程或课题形式，以适配不同的教学节奏。

2.2 教师角色的把握

在该模式下的自主学习中，从教学设计到开展，教师需扮演引导者的角色。教师对学生专业及信息技术能力的了解，对专业知识与思政内容的结合，以及对教学流程的整体把控，都会对各模块质量及教学效果起到重要作用。网络调研也并非漫无目的的浏览，而是基于教师提供的资料渠道更高效、更具有针对性地进行信息收集、筛选及整合。学生在情境的展开、任务的驱动与教师的引导下，通过自主学习、协作调研和开放性展示，接触并掌握思政内容，提高语言及思维能力，让"以学生为中心"不再有名无实。

通过 WebQuest 教学模式，教师能够使思政内容更自然、高效地融入大学英语课堂内外，在提高学生语言与思维能力的同时，也对互联网调研及信息检索、整合等信息化时代不可或缺的能力有所助益。同时，该模式能够增强学生自主性，打破课内被动接受、课外被动巩固的模式，真正实现"授之以渔"，也能使互联网不再只是传统课堂的"补丁"或"新玩具"，而真正能够有效率地扮演其在教学中应该扮演且有能力扮演的角色。

参考文献

［1］王安琪，隗雪燕. 大学英语"课程思政"改革初探［J］. 北京教育（高教），2020（7）.

［2］曾晓慧. WebQuest 模式下英语专业学生批判性思维能力培养研究［J］. 机电教育创新,2020（6）.

西班牙语行政用语的特点

张馨予*

摘要：西班牙语行政用语是西班牙语重要的种类分支。西班牙语行政语言具有高度的规范性、客观性，掌握学习这些特点，有助于西班牙语学习者对其理解和翻译。

关键词：西班牙语行政用语；翻译

行政用语是西班牙语的一种特殊形式。它包含在所谓的专业语言中（包括科学、技术、新闻和更多细分领域）。像它的同类语言一样，行政用语在普通语言的语法体系中蓬勃发展。但是，它在词法、句法和风格上的差异更大。从语言学和教学法的角度，我们将分析行政语言的特殊性。本文旨在帮助较高水平的西班牙语学生理解行政用语。

1 行政用语的特征

常见的行政语言对话元素有：发送者、接收者、消息、代码、通道、媒介、上下文和意图。在这种情况下，发送者的问题和意图更加突出。任何行政文件的特征都是外在形式：行政首长、机关或机构、内部结构、对法律法规的参考、水印、签名和印鉴等；在语言方面，包括非人格化、规范性、声明性、单向性、专业词汇的使用以及形态和句法、动词的使用和使用者的距离感。

在行政文本中，模式化的语言覆盖说话人本人的语言特点，因此多使用无

---

* 张馨予，北京工商大学外国语学院讲师，主要研究方向为对外西班牙语教学。

人称形式的句子，使用第三人称复数和自复被动句等形式。各级主管部门总是通过书面形式进行沟通。正式文件的有效性和强度正是取决于此。信息总是通过遵循严格的规定、语言、形式和风格的书面文本来表达。由于行政管理的广义概念涵盖了社会的所有分支，因此行政文本的主题或领域与其他专门文本不同，是多种多样的。

2 行政用语的类型

2.1 规范性文本

它们具有规定功能，是制定命令的行政文本的基本类型。通过它们，可以创建和应用标准。发行人通过授权、禁止、限制或许可，让公民看到其机构权威和实力。

2.2 通用规范性文本

通用规范性文本采用集体语气：有关方面，有关/有关方面/申请人，纳税人，具有以下地位的人，等等。主管机关必须针对一个或多个集体以及特定区域进行管理和发布规则。

2.3 限制性和允许性规范文本

无论是通用性还是个别性，这些文本都包含强制（限制）或允许的规则。限制性措施通过禁止或制裁措施限制了接收者的行为，并强调了必要性。允许性行政文本以许可证、执照、特许权等形式存在。

2.4 证明

证明要证明现实，并采取有关行动。证明具有法律效力，为现实做准备。证明的唯一目的不是对真实情况的语言反映，而是从其表述中构造出另一种话语来规范原始现实。其典型文字如"证明""已声明""已验证"等。

2.5 判断

判断是应行政机构的要求而写的，以其作为任何决定的指导。它们用公式化的语言表达，我们在"建议""推荐""不鼓励"等表达方式中可看到这些文字的特征。

2.6 传播

它们是政府发布的文本，旨在向主管部门或其他机构披露某些信息。它们是信息性、解释性和普及性消息，可分为内部传播和外部传播。内部传播的内容分为内部注释和正式信函。前者是与属于同一行政机构或实体的收件人通信，后者是与不同机构或部门的通信。外部传播文本细分为通知、法令和公告，它们在形式和语言上非常相似，纯粹是提供信息，对有权告知的行为、竞赛、拍卖或其他公众感兴趣的事件进行公告。在这种文件中，主管机关在其中通知接收人，有时是为了说服或征求意见。为此，他们使用一种公式化程度较低的表达方式，这是为了引起接收者的兴趣。

总而言之，对于具有较高西班牙语水平的学生，行政语言是重点和难点。行政用语对于这些学生，是非常好的学习素材。学习和总结西班牙语行政语言的特点，能够帮助高年级西班牙语学生提高自身水平，锻炼实践能力。

非英语专业研究生口语教学现状与对策分析

赵　聃*

摘要：非英语专业研究生已经具备足够的语言基础和优化语言输入能力，但对于口语输出的质量和强化却还很薄弱。学生对表达的需求和现有的口语教学存在着巨大的矛盾。本文首先分析各高校口语教与学中的现存问题，其次从微观层面给出一些课堂中可行的措施，试图给出解决方向。

关键词：研究生英语教学；口语教学

非英语专业研究生已经具备足够的语言基础和优化语言输入能力，但对于口语输出的质量和强化却知之甚少。这是由长年考试导向下的英语教学带来的的问题：应试能力提高，而听说能力普遍较差。研究生阶段的学生较之本科生，普遍具有扎实的语言基本功，但这并不意味着他们的口语水平也能齐头并进。而这个时候，口语能力的重要性又日益凸显。因此，培养和提高研究生的英语口语交际能力，已成为研究生英语教学中重要的目标。

1　口语教与学现存问题

口语教学的现状和学生对于口语需求的矛盾体现在了王晓菁于 2007 年所做的一项调查中[1]。这项调查以非英语专业 127 名硕士研究生为研究对象，以口语测试的形式对研究生的英语口语水平进行了研究，测试表明非英语专业研究生平均口语水平较低，问卷表明最大问题在于"表达不流利"和"词汇量

---

* 赵聃，北京工商大学外国语学院讲师，主要研究方向为英语文学、研究生英语教育等。

小"。但也可以看出研究生学习英语并提高口语水平的动机更加明确：无论是为了找工作或者交流等的融入型动机，还是为通过考试等的工具型动机。大多数研究生对英语的学习仍然是兴趣浓厚、要求强烈。但是调查同时表明学生们认为目前的教学对于提高口语水平帮助不大。

所以必须对研究生的英语口语能力现状有一个清醒的认识[2]，同时也要意识到现在的英语教学已经跟不上学生的需求以及社会的需要了。

2　课堂教学中的可行举措

提升口语能力，具体到研究生英语课堂，可以采取以下一些举措。

（1）发音以及语音语调的提高。仍有部分学生没有掌握音标，不熟悉重读、连读、不完全爆破等发音原则，需要在课堂上强化语音训练。

（2）多样化方式以加强语音。可以利用网络中"趣配音"等程序实现用配音促进步[3]。充分理解加上模仿再到输出，能够训练语音语调、语速等。

（3）课堂中的主题演讲。步骤如下：教师引入与课文相关的主题，要求学生进行 8~10 篇相关阅读，进行词汇表达和句型的整理、相关听力内容考查、主题写作以及评阅和学生互评、演讲呈现。在这个过程中从语言的输入到输出，学生能够逐渐将他人的内容内化为自己的，也可以锻炼口语。

（4）课堂中的辩论[4]。步骤如下：引入主题，让学生从正反两方面进行书面准备，开展辩论，教师及时总结和评论。要求教师必须具备很强的观察能力和分析能力、对内容的临时整合能力和对教学的组织能力。

（5）创设交际情境。可以举行话剧、小品等形式多样的活动，增加表达的机会。可以邀请留学生参加，使学生愿意说、可以说、敢于说。

3　结语

研究生阶段学生的学习目标更加明确，对各方面、各领域的知识的了解使他们更渴望将所学的知识直接运用到即将面临的职业生涯中去，因此研究生口语教学有巨大需求和明确目的[5]；同时研究生英语口语的现存教学还有很大的提高空间，口语教学改革势在必行。

参考文献

［1］王晓菁．非英语专业研究生口语能力与教学初探［J］．大学英语（学术版），2007
（1）：348－353．

［2］刘新荣，钟孟春．输出驱动假设和口语输出中思维习惯的转变——以非英语专业研究
生英语口语教学为例［J］．长春理工大学学报，2011，6（2）：171－172．

［3］崔婷婷，刘淑波．基于新媒体支撑的面向硕士研究生实用英语教学的探索［J］．中国
电化教育，2015（6）：122－126．

［4］钟珊珊，等．非英语专业研究生英语口语学习需求分析调查报告［J］．海外英语，
2012（10）：57－58．

［5］陆雪芹，刘学思．非英语专业研究生英语口语教学初探［J］．新课程研究（中旬刊），
2009（2）：71－72．

学生视角下 MTI 笔译教学问题与对策

——以法商英语笔译为例*

钟　敏** 刘　婧***

摘要：为适应新时代国内外市场对翻译人才的需求，我国于 2007 年起开设了 MTI 专业，并于 2008 年实现与 CATTI 考试的衔接。然而，由于受到传统外语教学模式的影响，MTI 院校的快速增加并未能快速推动符合 MTI 培养目标的教学模式的形成。笔者作为 MTI 法商笔译专业学生，从学生视角探索了新形势下法商笔译教学的新型教学模式。

关键词：学生视角；MTI 法商笔译；新型教学模式

1　引言

我国于 2007 年开始设置翻译硕士专业学位（Master of Translation and Interpreting，MTI）。据各领域细分的市场需求，各高校立足本校优势为 MTI 学生确定了专门用途英语翻译方向。笔者所在的北京工商大学外国语学院立足本校法学院与商学院的教学平台，确立了以法商英语笔译为培养方向的 MTI 教育。目前 MTI 高校的翻译研究多是从教育者、院校、翻译公司等角度出发，自上而下地分析，或是针对翻译教学中的一个环节[1]，学生作为翻译教学中最重要

---

　* 本文系"科技创新服务能力—省部级科研平台建设—社科省部级科研平台建设项目"（编号：19008020111）的部分研究成果。

　** 钟敏，北京工商大学外国语学院 2019 级翻译硕士研究生，研究方向为翻译理论与实践。

　*** 刘婧，北京工商大学外国语学院副教授，研究方向为翻译理论与实践。

的参与者与服务对象，却极少从此视角进行翻译教学的研究。为此，笔者以学生的视角探索了新形势下法商笔译教学的新型模式。

2　MTI 法商英语笔译教学现状及对策

"一带一路"背景下，对法商英语翻译人才的需求将进一步扩大。MTI 教学模式依旧沿袭了一般外语人才的培养模式，课程设置不合理，培养计划形同虚设[2]；教学课堂缺乏同翻译界的接触，自成体系却与业界失联[3]，等等。在新时代背景下，作为培养应用性高级翻译人才的 MTI 教育应积极探索有利于培养职业化高级翻译人才的教学新模式[4]。

2.1　双导师培养方式推动人才培养

笔者所在学校的 MTI 培养计划，采用双导师制培养方式，即一名校内学术导师和一名校外导师指导学生，其中以校内导师指导为主，校外导师参与实践过程、项目研究、部分课程与论文等环节的指导工作。双导师培养方式能够从理论和实践方面帮助学生更好地用两条腿走路。师资队伍是人才培养的关键，学生应全方位了解翻译行业的动态和翻译市场的需求，熟悉翻译业务相关流程及编辑、排版等专业知识。

2.2　课堂教学和课外教学相结合，双管齐下培养翻译人才

法商英语翻译偏重法律和商务领域，在学院的培养方案中，开设了不少法律商务翻译课程，同时借力法学院和商学院，开设国际商法、国际商务贸易等课程以达到扩充学生法商领域理论知识。此外，可通过邀请优秀职业人才举办讲座、研讨会或短期课程等方式，鼓励学生与翻译界优秀职业人才交流，积极与翻译专业机构合作建立实习基地，使学生能够进入专业笔译的岗位实践，为学生创造更多参与真实翻译项目的机会。

2.3　与时俱进，重视培养技术工具的利用能力

适应时代发展潮流的人才应该是能够充分利用现代信息技术工具的人才，高级翻译人才应该能够掌握必要的计算机辅助翻译工具。法商文本格式相对固定，通过计算机辅助翻译工具能够事半功倍。此外，MTI 教学还应注重培养学

生将人工智能技术与翻译行业深度融合的技能。

3　结语

　　法商英语翻译人才随着国家对外交流活动的增加也将日益为市场所需要，作为法商英语翻译专业学生，笔者以学生的视角探索了 MTI 笔译教学的问题和对策，提出实行双导师制培养方式，将线上课堂与校外课堂相结合，充分利用现代化工具辅助翻译等方式进行法商翻译人才培养，契合学院培养方向，契合社会对法商翻译人才的需求。

参考文献

［1］祁祺. 学生视角下翻译教学中的现存问题及解决方案——以北外高翻为例［D］. 北京：北京外国语大学，2018.

［2］谭平. MTI 笔译教学现状与实践探索［J］. 职能城市，2016（12）：178－179.

［3］柴明颎. 对专业翻译教学建构的思考——现状、问题和对策［J］. 中国翻译，2010（1）：54－56.

［4］覃芳芳，刘军平. 职业化时代 MTI 学生翻译能力的测评——以 CATTI 考试为例［J］. 学术论坛，2017（3）：176－18.

网络环境下语言教学的新模式

周纳新[*]

摘要：语言教学模式的改革在不断顺应着现代科技发展的需要。将最先进的理念和技术运用到教学中，早已成为提高教学质量的行之有效的策略。语言教学经历了计算机和多媒体辅助教学等阶段，如今又迎来了网络平台互动和在线直播授课模式的新时代。教学模式的改变无疑对教师和学生都提出了新的挑战。

关键词：网络环境；网络平台；直播授课

1　多模态的网络教学及其优势

网络教学首先离不开校园网的建立和多媒体教学平台的使用。在校园网的教学平台上，学生通过注册到系统中指定的班级里，和教师构成共享群体，共享资源库中的学习资源。教学平台的资源库里有丰富的随时可以利用的视听说学习材料，还有大量的学科作业，学生可以随时登录系统，进行自主学习，完成老师布置的作业，并通过发帖的形式和老师进行沟通。学生的学习情况和作业成绩也全部由系统自动记录和评价，方便随时查询。目前这样的教学平台很多，很多出版社在提供教材的同时，也将自己的教程和网络平台服务结合起来，给广大师生提供了备课和学习的诸多方便。

教学平台也可以称作数字化教学系统，平台管理的客观性和科学性可以使

---

　* 周纳新，北京工商大学外国语学院教师。

教学更加系统化和规范化，其丰富的资源库和多样的学习形式可以充分调动学生的学习兴趣，也使得教师可以在网络平台中进行更加全面有序的教学规划，制订完善的教学方案，有效监督和保障全体学生的参与和学习进度。更重要的是，教师在这种模式的教学活动中起到的主要是指导作用，学生的主体地位表现得更加明显。

虚拟教室是更加先进的网络教学模式。在虚拟教室中，教师可以通过互联网在线直播授课，也可以将事先录制的课程视频进行播放。虚拟教室中可以进行全体师生的交流和互动，虚拟教室中高效的共享性和交互性正是语言教学中必不可少的、为达到语言交际功能所需要创造的学习环境和氛围。

在师生无法见面的情况下，很多教师还采用了视频会议直播的授课形式。通过这种形式，教师可以随时观察学生在屏幕前的表现，学生排除了真实课堂上的情绪干扰和环境影响，回答问题也更加积极大胆，容易建立起群体中竞争的意识，原本虚拟的网络课堂变得非常活跃和真实。

2　综合利用网络技术及资源，开创语言教学的新时代

基于目前网络技术的先进性和普遍性，综合利用多模态的网络教学手段和互联网广博的多媒体语料资源，将语言教学推向更加进步的阶段，毫无疑问已经成为我们语言教学改革科学有效的发展方向。如何在网络环境下让语言学习更加生动化和情景化，如何激发学生的动机和兴趣，使其在课堂内外都能保持学习的自主性和积极性，合理利用网络技术和学习资源等问题，也成为我们追求和探索的重点。

基于网络的多模态的教学形式，要求教师要不断掌握新的教学技术，学习新的教学理念，多渠道地获取教学信息和教学资源。因此除了充分利用各种网络教学平台和互联网在线资源以外，还要学会综合使用多模态的教学和交流手段，并积极引导学生尽快适应多模态的网络环境下的学习要求。学生还要通过完成网络教学平台上各种形式的任务进行预习复习和考核测试。所有题目的预设要求教师熟练掌握平台的资源内容和技术操作，充分做好课前和课后的任务布置。同时，还要要求学生养成使用多渠道进行自主学习的习惯。目前作业的形式也变得颇具技术含量了，传统的作业形式逐渐被更具综合考察力的网络任务所代替，学生可以通过模仿跟读来检查自己的语音语调，通过影视配音练习

锻炼语速和体会语境，通过写纪录片观后感来完善听力和写作的训练，通过在线聆听或阅读外媒最新的报道来学习和使用目标语言……这些饶有趣味的网络环境下的语言学习和训练，使得我们的教学更加生动而高效。

值得注意的是，由于网络环境下的学习离不开电脑和手机等电子设备，教师还要避免学生盲目浏览网页，或把时间和精力浪费在网络娱乐中。在指导他们正确使用网络学习平台的同时，对于优质的资源库的利用，也要通过设定具体的任务和限定时间来保障学习效果。网络环境下的教学模式为师生都提供了诸多便利，也向我们提出了更高的要求，这是时代进步给我们带来的挑战，也是我们开创美好未来的契机。

大变局之下大学英语教师的变与不变*

郑昊霞**

摘要：世界正经历百年未有之大变局，中国正处在实现民族伟大复兴的关键时期。大学英语教师既要保持初心不变，又要顺应时代潮流而变。

关键词：大变局；课程思政；线上教学

1 世界大变局和中国的机遇与挑战

习近平总书记多次在公开场合提出当今世界正经历百年未有之大变局的重要论断。此大变局对包括中国在内的广大发展中国家而言充满机遇也存在挑战。首先，未来十年将是世界经济新旧动能转换的关键十年。人工智能、大数据、量子信息、生物技术等新一轮科技革命和产业变革正在积聚力量，催生大量新产业、新业态、新模式，给全球发展和人类生产生活带来翻天覆地的变化。其次，未来十年将是国际格局和力量对比加速演变的十年。新兴市场国家和发展中国家的崛起势不可当，全球发展的版图更全面更均衡，世界和平的基础更坚实稳固。最后，未来十年也将是全球治理体系深刻重塑的十年。世界多极化和经济全球化在曲折中前行，恐怖主义和武装冲突的阴霾挥之不去。单边主义和保护主义愈演愈烈，多边主义和多边贸易体制受到严重冲击，国际社会再次走到何去何从的十字路口。

* 本文为 2020 年北京工商大学校级教育教学改革研究项目"融入课程思政理念的大学英语混合式教学模式应用研究"（编号：JG205243）的成果。

** 郑昊霞，北京工商大学外国语学院讲师，主要研究方向为英语翻译与英语教育。

当今的中国正处在实现民族伟大复兴的关键时期。改革开放四十多年来，我国经济与社会发展取得了举世瞩目的成就，经济总量跃居全球第二。中国已经成为影响当今世界变局的重要因素。

最后，新型冠状病毒肺炎全球大流行也正在对世界经济与政治格局产生着影响深远的改变。

2　大学英语教师的变与不变

在世界面临大变局的背景下，中国的教育工作者需要坚守初心，也需要更多的思考：我们究竟是为谁培养人？培养什么人？怎样培养人？

2.1　课堂内涵之变：融入课程思政的理念

2016 年 12 月习近平总书记在全国高校思想政治工作会议上指出，要用好课堂教学这个主渠道，提升思想政治教育的亲和力和针对性。所有课堂都有育人功能，各门课都要守好一段渠，种好责任田。

大学英语课多为高校必修课，涉及学生面广，课程中自带大量英美文化和西方文化的信息，处于东西方文化及价值观碰撞和交锋的前沿，如何引导当代中国大学生客观地认识和评价不同文化的形成与差异，增强对中华民族文化的自信，树立民族复兴的理想，是大学英语教师的光荣使命。

课程思政的目标就是培养当代大学生的爱国主义、家国情怀、时代责任感和历史使命感，具体的实现途径是寻求各科教学中专业知识与思想政治教育内容之间的关联性，力求思政与专业有机结合，并以一种春风化雨、润物无声的方式渗透到各门课程之中，从而实现立德树人的思政教育目标。大学英语课的思政教学可以在多个层面上开展，比如在知识上可以帮助学生了解各国国情概况以及西方的现代化历史进程，在能力上培养学生的思辨能力和跨文化沟通能力，在情感上增强学生对中国文化的自信以及时代责任感、历史使命感等，同时也可以充分利用东西方价值观的共性开展思政教学。当然，归根结底最重要的还是教师本人要有正确的价值观，并认识到课程思政的重要性，在此前提下才能对学生进行思想的引领和价值观的塑造。

2.2　教学模式之变：线上教学方兴未艾

随着 21 世纪以来信息技术的突飞猛进和互联网的日益普及，在线学习已经蔚然成风，传统的线下学习模式正遭遇不同程度的挑战。线上教学（或在线教育）是"互联网＋教育"的一种具体形式，强调基于互联网的教与学的再度整合，即综合应用网络技术，收集、设计、开发和利用各种教育资源，建构教育环境，为学生提供教育服务的实践活动，其本质特征是教与学的时空分离。典型的在线教育课程教学形态包括师生同步在线的直播课程、以视频资源为核心的自主学习课程、以学习活动为中心的网络课程和以分享研讨为核心的群体协作课程等。

据不完全统计，新型冠状病毒肺炎疫情发生以来各校的大学英语教师们除了使用自己的校内平台外，还使用了不少第三方线上平台和工具，主要包括 U校园、腾讯会议、腾讯课堂、雨课堂、钉钉、QQ、微信群、学堂在线等。当然线上教学并不完美，存在的问题还很多。线上教学最大的困难是设备、网络、平台等技术问题。此外，在教师的信息化素养和能力以及学生的参与度、教学质量检测与评估等方面也存在障碍。这些都倒逼我们去形成一整套包括理念、内容、方法、技术、标准、评价、范式等在内的改革方案，掀起一场教学的革命。

2.3　育人初心不变：为国育人、为民族复兴的伟大事业培养人才

习近平总书记指出，我们办中国特色社会主义教育，就是要用新时代中国特色社会主义思想铸魂育人，厚植爱国主义情怀，把爱国情、强国志、报国行自觉融入坚持和发展中国特色社会主义事业、建设社会主义现代化强国、实现中华民族伟大复兴的奋斗之中。

我们大学英语教师在坚持"三全育人""立德树人"教育理念的同时，要致力于培养大批具有国际视野、通晓国际规则、能够参与国际事务和国际竞争的国际化人才。这种国际化人才应该是既有政治觉悟和渊博知识，又有世界眼光和创新精神，既精通外语和专业，又熟悉国际规则与国际惯例，在国际事务中敢于斗争、善于斗争并具有献身精神的高素质人才。

疫情下的英语网络教学探究*

刘　英**

摘要： 在新型冠状病毒肺炎疫情的影响之下，网络教学已经成为当代教师工作中不可缺乏的一部分，而英语作为一门基础性学科，是学生升学和日常生活要应用到的学科。在疫情的影响之下，如何在线上进行全面的英语研究、教学，就成为教师的当务之急。一方面教师要加强疫情期间英语线上教学研究能力，通过有效开展英语网络教学活动，不断提高学生英语学习能力；另一方面要结合教学内容与网络资源科学地进行网络教学设计，提高教学效率。

关键词： 英语教学；教学理念；网络教学

1　英语网络教学的意义与现状

网络课程是通过网络表达的某一学科的教学内容和教学活动的综合，是信息时代课程的一种新的表现形式。它包括按照一定的教学策略组织的教学内容和网络教学的支撑环境。

1.1　英语网络教学的意义

在"互联网＋"教学背景下，英语教学过程的开展可以极大程度地帮助学生提升自身修养，带给学生机遇，弥补传统教学的不足。学生可以在"互

　＊本文系"科技创新服务能力—省部级科研平台建设—社科省部级科研平台建设项目"（编号：19008020111）的部分研究成果。
　＊＊刘英，北京市高级教师，主要研究方向为英语教学与研究。

联网＋"的大教学背景之下选择不同的方式，进行自主化的学习，网络教学突破了传统教学空间与时间的束缚，通过改变课程结构，极大程度地帮助学生解决学习过程中遇到的问题，给予学生更大的空间进行自主学习，帮助其在提升自身学习效果的同时，获得多项语言以及素养技能的发展。

1.2　我国英语网络课程现状

简言之，网络课程是通过某种软件在网络上进行的一种远程课程。虽然以前的网络水平有了突飞猛进的发展，但很少有公立中学为学生提供免费、全面的在线英语辅导。很显然，学生无法脱离传统的课堂英语学习，也无法获得个性化的需求。但由于受到新冠疫情的影响，线上教育已经成为了当下教育方式之中最为合理的一项。行为主义指导下的英语网络课程与传统英语课程在教学方法、教学过程设计和教学策略等方面存在差异，旧的教学观念已不能适应新时期网络课程的发展，转变观念实行全新的教学模式已然成为中学教师的必由之路。

2　网络教学下的教学实践与思考

2.1　网络教学中英语老师的具体表现

一般情况下，教师会根据自身学习经历及教学实践表现出非线性的学习轨迹，并同时表现出逆向创新的趋势。互联网提供的广阔空间与学习交流平台，教师在其混合式教学信念指引下，课前作为课程资源的学习者和整合者，整合各种线上和实体资源；课中作为指导者和促进者，组织学生分组研讨，提供个别化指导，解决遇到的难题；通过引导学生进行知识可视化实践，运用视觉表征手段培养学生的知识获取能力，推动学生的思维能力由低阶向高阶发展与建构。

2.2　教学实践中的不足与思考

受到传统教学观念的影响，教师在教学实践中要通过客观的教学环境分析，帮助学生树立科学的学习观念，摆脱填鸭式的学习方法。在"互联网＋"的教育引导中，教师要不断地创新教学理念，改善教学方式。

3 英语网络课程进行中的问题及改进措施

3.1 英语网络课程进行中存在的问题

随着网络课程的逐渐深入，众多英语老师能够运用自身知识掌握相关软件，对学生进行整体认知的英语交流，通过语境结构的搭建来丰富学生的教学环境，从听说读写诸多方面来帮助学生考试。

但是依旧有少部分教师对英语网络课程教育存在质疑，因为有的中国学生的自主学习能力还是相对较弱的。如果网络课程全面替代线下课程，将会造成部分学生疲态化。而且网络课程往往依赖学生上课的硬件设施决定教学质量。

3.2 英语网络课程进行的改进措施

网络课程不仅是对传统课堂的拓展与延伸，还能够将学生从繁重的学习任务中解救出来，用更加愉悦、高效的方式让他们置身于真实的语言环境与闭环的在线学习系统中，让英语学习变成一种目标明确、自主、直观的学习过程。

教师不仅要进一步注重自身形象，更要努力提升自己的业务水平，使网络教学更加有效。

英语教师还要拓展更新已有的教学理念，探索适合网络教学的教学方法，积极探寻如何充分发挥网络教学的作用，提高学生参加教学活动的积极性，切实提高网络教学实效。

在课程结束后，教师对学生的课堂表现要给出及时客观的评价和针对性的建议。

4 结语

教学信念与教学实践之间是相互依存、相互促进的，在网络课程当中首先应该进一步转变教师角色，发挥教师作为课程设计者、学习活动组织者等角色的主导作用。其次，教师应对网络资源进行有效整合，通过调整学习资源的难度优化网络教学资源，指导学生查找适合自己学习水平的学习资料，使得网络教学更加适合学生的英语水平和认知。

翻译类

动词 + 名词的搭配意义

——以 CATTI 二级笔译汉译英真题为例 *

陈俊月** 刘 婧***

摘要：CATTI 意为全国翻译专业资格（水平）考试，是为加强我国外语翻译专业人才建设于 2003 年形成的一项考试。本文以 CATTI 二级真题为研究文本，基于搭配意义理论，开展对动词搭配意义的研究。

关键词：CATTI 真题；动词 + 名词的搭配意义；汉译英

1 引言

搭配意义在翻译中起着重要的作用，不仅因为它们对源语、目的语的整体意义有着重要的作用，而且还因为需要避免目的语篇中不必要的搭配冲突。搭配是英语中自然形成的词汇。词语搭配是经常一起使用的词语组合。在汉英翻译文本中，不少组合虽然看上去语义、语法并无大碍，但在英语母语者听来不是有误，就是别扭[1]。中英两种文字的搭配习惯很不一样，因此，词语搭配是翻译时的一个重要考量[2]。

CATTI［China Accreditation Test for Translators and Interpreters，全国翻译专业资格（水平）考试］是国内最具权威的翻译专业资格认证考试，同时与

* 本文系"科技创新服务能力—省部级科研平台建设—社科省部级科研平台建设项目"（编号：19008020111）的部分研究成果。

** 陈俊月，北京工商大学外国语学院 2019 级翻译硕士研究生，研究方向为翻译理论与实践。

*** 刘婧，北京工商大学外国语学院副教授，研究方向为翻译理论与实践。

MTI（Master of Translation and Interpreting，翻译硕士专业学位）的培养目标天然契合。CATTI 考试与 MTI 的衔接情况理应受到重视[3]。本文以 CATTI 二级真题为研究文本，选取二级真题中出现频率较高的动词，开展对动词搭配意义的研究。

2　动词 + 名词搭配在 CATTI 汉译英中的运用

福斯（Firth）是第一个引入搭配意义概念的人。搭配意义是组合层面上的一种抽象，与词义的概念或观念方法没有直接关系[3]。搭配首先被福斯给予理论上的突出地位，他把它与词义的认知和语义概念分开，称之为"组合层面上的抽象"，并在对意义产生的语言层面的描述中赋予了它独特的地位[3]。在翻译源语和目的语时，要注意搭配和搭配意义。本文选取了 CATTI 考试中出现频率较高的"创造""实现""坚持"这三个词，翻译的时候要时刻思考自己的译文是否符合目的语的搭配习惯。

（1）原文：中国是目前世界上第二位能源生产国和消费国，为世界能源市场创造了广阔的发展空间。

译文：China is now the world's second – largest energy producer and consumer. Its rapid expansion of energy consumption has created a vast scope for the global energy market.

"创造了广阔的发展空间"译成了"created a vast scope market"，create a market 符合英文表达的习惯。我们在翻译译文时，要注意英文的搭配。

（2）原文：中国将一如既往地推动实现联合国千年发展目标。

译文：China will continue to promote the realization of the UN Millennium Development Goals.

"推动实现联合国千年发展目标"译成了"promote the realization of the UN Millennium Development Goals"。Realize the goals 符合英文的搭配，同时，"实现目标"还可以使用 attain/reach the goals 这些搭配。

（3）原文：我们坚持通过对话和协商，以和平方式解决国际争端。

译文：We seek peaceful settlement of international disputes through dialogue and consultation.

"坚持以和平方式解决国际争端"译成了"seek peaceful settlement of international disputes", seek 词义为 "looking for or trying to get the things mentioned", seek settlement 的搭配意思就是"寻求和解"。

3 结语

从以上例子中我们可以看出动词的搭配意义在翻译中的重要性,在翻译 CATTI 真题时,我们要注意搭配意义,否则译文就有明显的"翻译腔"。学习翻译时,既要充分了解相应的语言文化,又要提高自己的汉语水平。平常要多查阅工具书,扩大词汇量,这样我们才可以在 CATTI 考试中游刃有余。

参考文献

[1] 唐义均,栾佳平. 从"深化改革"的英译看中式词语搭配 [J]. 中国科技翻译,2018 (3):47 – 50.

[2] 蔡力坚. 翻译中的词语搭配. [J]. 中国翻译,2019 (4):181 – 183.

[3] 吴萍,崔启亮. CATTI 与 MTI 衔接的现状、问题及对策 [J]. 上海翻译,2018 (1):45 – 50.

《王宝川》对"王宝钏"
形象重塑的改译策略*

梁桂霞**

摘要：熊式一于1934年选择传统京剧《王宝钏》（又名《红鬃烈马》）进行改译，在译本《王宝川》中塑造出一个被海外观众接受的"王宝川"中国女性形象，成为中国文化走出去和中国文学外译的一个成功案例。本文尝试通过分析其成功的改译策略，对当下翻译研究提供一些有益的启示。

关键词：熊式一；变异策略；王宝钏；王宝川

中英两种文字和中西两种文化，均有其各自的特点和丰富的寓意，它们极具张力，而且中西文化思维也有很大差异，所以翻译工作也对译者提出了很大的挑战。

1　重新发现熊式一其人

不少被岁月烟尘遮蔽的人物，随着时代的变迁，又重放光彩，熊式一便是其一。20世纪中叶，西方文化界有并称海外双语作家的"东林西熊"的说法："林"是指美国文化界所佩服的林语堂，"熊"就是指英国文化界所佩服的熊式一（S. I. Hsiung，1902—1991）。

---

* 本文为2020年北京工商大学校级教育教学改革研究项目"融入课程思政理念的大学英语混合式教学模式应用研究"（编号：JG205243）的部分成果。

** 梁桂霞，北京工商大学外国语学院副教授，主要研究方向为外语教学、文化与翻译。

2 熊式一改译《王宝川》海外大获成功

熊式一的翻译作品既尊重原作，又适度改创。他熟悉中国的古典文学和戏剧，游弋在中西文化之间，对翻译对象的文化特点十分敏感。他的英语语言明快上口、幽默诙谐、妙趣横生，符合目标语习惯。他在 1932—1936 年旅居英国期间，将中国传统古典京剧《王宝钏》改译成英文话剧《王宝川》，由伦敦麦勋书局于 1934 年出版，一时洛阳纸贵，文学泰斗肖伯纳、毛姆、巴里、韦尔斯等人大加赞扬。熊式一亲自导演该剧，演出盛况空前，开启华人在西方戏剧界成功的先河。

20 世纪二三十年代，大多西方人认为中国是非常落后的。自从《王宝川》一剧在英国成功上演后，中国元素成为伦敦街头的时尚，一定程度上改善了当时欧美人士对于中国的偏见。

3 《王宝川》对"王宝钏"形象重塑的改译策略

《王宝钏》，原名《红鬃烈马》，熊式一将其译成 *Lady Precious Stream* 或《王宝川》。"钏"与"川"字，就字意而言，相距甚远。熊式一这样解释：就中文而言，"川"字远远雅于"钏"字，"钏"字，即 bracelet 或 armlet，不登大雅之堂，而且都是双音字，读起来太长。相对而言，Stream 是单音字，有自然、动态的美感，富有诗意。熊式一注重的不是语词的直接对应，他考虑语词的隐含意义、文化语境、语音接受等因素，让王宝川这一中国女子的形象，在英语语境中显得传神灵动。熊式一尽力向西方观众展示中国传统文化的"本真"（authenticity）或中国性（Chineseness），保持《王宝钏》中国传统文化戏曲美学的精髓，但又在其结构和情节上做了颇大变动，试图改译重塑一个"王宝川"中国女性新形象。

熊式一在重塑王宝川的过程中，增加了对于塑造女性角色来说最为关键的一个要素："爱情"。有"爱情"激荡，王宝川不再是"命该如此"的宿命者，而是"我喜欢""我愿意"的新女性。熊式一为了让王宝川的爱情变得合乎情理，在"花园赠金"中，他删掉了梦兆情节，增加了花园赏雪，特意让薛平贵展示文武才华；在"彩楼配"中，他给王宝川另加戏份，展示她追求爱情的执着；在"三击掌"中，他添加王宝川让薛平贵跪拜岳母以及与薛平贵互相倾诉爱慕的情节，突出爱情的相互平等；在"平贵别窑"中，他删掉守贞的对话，改为依依惜别、互道珍重，突出新时代的爱情观；在"回龙阁"中，他让情敌变成妹妹，增加了王宝川吃醋撒娇的情节，突出爱情的甜蜜和圆满。

熊式一除了对唐代王宝钏和薛平贵的传奇予以现代意识的审视外，他的改译也更符合"对外宣传"的要求，而"对外宣传"的前提是自觉的本土（中国）主体立场，清醒的异域（西方）受众意识。熊式一改译，是他既反对也不主张对外传播中国戏里对中国社会现象的写照的迷信、暴力、一夫多妻制、死刑等愚昧丑陋的内容。当时《泰晤士报》评论这部剧的优点有如下三点：朴实的美德（artless good spirit）、新鲜感（freshness）和快乐奇幻的字谜（gay and fantastic charade）。其中"朴实的美德"这个评论是熊式一重塑王宝钏形象的最佳反馈。

4　结语

熊式一改译的《王宝川》在英语世界所取得的成功，证明了以汉语为母语的中国人完全有能力讲好中国故事，传播被海外读者接受并认可的优秀文学作品。

视译初学者翻译表现及分析

刘思含*

摘要：视译是会议口译中常用的一种口译形式，同时也是口译教学中的重要一环。本文以北京工商大学翻译概论课程中有关视译的教学内容作为研究对象，对学生视译的翻译表现进行分析，从而为口译教学与实践提供参考。

关键词：视译；口译教学；翻译质量评估

所谓视译，顾名思义，即一边阅读原文，一边进行口译[1]。北京工商大学翻译概论课程中，除关于翻译学科、行业的概述外，也涵盖笔译和视译的基础训练。本文将分析学生经过一个学期视译学习与训练后的翻译表现，为口译教学及实践提供参考。

1 文献综述

视译为以目标语将源语文本"朗读"出来，在此过程中，涉及阅读负荷、记忆负荷、语言产出负荷及协调负荷[2]。视译一般视为同传训练的先期训练，但视译依赖阅读原稿接收信息，进行视译时受到原稿文字的限制，所使用的技巧与单纯的无稿同传仍存在不同[3]。视译作为一种特殊的翻译形式，能有效训练并提高学生快速接受视觉信息、进行大脑分析和口头表达的综合协调能力，对口译学习具有较大促进作用，在口译教学过程中具有独特地位[4]。

* 刘思含，北京工商大学外国语学院讲师，主要研究方向为英汉翻译、国际关系。

2　视译表现及分析

翻译概论课程中的视译训练为隔周课堂指导，辅以课下自主练习的模式。在临近期末时由学生在有一段时间准备的情况下单独完成视译任务，作为本门课程视译教学内容的评价依据。

视译任务原稿为英国首相约翰逊 2020 年全球疫苗峰会视频会议致辞节选，部分视译原稿如下（114 词）：

I'm delighted to welcome you to this virtual Global Vaccine Summit, and what I hope will be a real moment when the world comes together, uniting humanity in the fight against disease. That is our mission today. To defeat coronavirus, we must focus our collective ingenuity on the search for a vaccine and ensure that countries, pharmaceutical companies and international partners like the World Health Organization cooperate on a scale beyond anything we've seen before. And if we are to make this the beginning of a new era of global health collaboration, we must also replenish the funding for the vaccines we already have, strengthening routine immunization against preventable diseases in the poorest countries.

视译可由译者控制语速，而非由原文讲者控制。但在实际教学过程中，学生时常会对视译应该或普遍采用的语速提出疑问。上述段落 32 名学生平均用时为 62.15 秒，最长用时 130 秒，最短用时 43 秒，其中 14 名同学用时不超过 60 秒。按照实际翻译的情况看，一篇类似难度的英文原文，可将每百词原文 55~60 秒视为大概的参照范围。

从术语和固定译法来看，原稿中的 Global Vaccine Summit、World Health Organization、preventable disease 等，仅有 4 名同学出现偏差。可见通过积累时事知识并进行译前准备，可有效解决由于术语和固定译法带来的翻译困难。

从忠实程度和对原文的理解上看，第一句中 what I hope will be a real moment when the world comes together 部分有 9 位同学出现不同程度的偏差错误。此部分建议译为"我期望此次峰会成为全世界真正团结一致的时刻、全人类齐心合力抗击疾病"。实际出现的偏差表现为：5 位同学译文中表达出"我的希望已经实现/变成现实/终会成真"类似的意思；4 位同学将 real 一词译为"真实"而非"真正"，在语境之中稍显偏颇。建议在平时翻译学习和译前准备中，对语法结构相对复杂的长句、难句多加注意，可通过分析语法结构和修饰关系辅助理解。

此次视译任务有 16 名同学能基本做到忠实原意、语言流畅、清晰明确、术语准确，占总人数的 50%，部分同学的译文体现出明显的顺句驱动的意识。

3　结语

本文通过对视译初学者翻译表现进行分析，从实际教学的角度针对视译常见的语速、术语处理及译前准备、加强语法结构分析等提出建议。

参考文献

［1］姚斌，等. 会议口译［M］. 北京：外语教学与研究出版社，2016：178.

［2］吉尔. 口笔译训练的基本概念与模型［M］. 修订版. 上海：上海外语教育出版社，2011：167.

［3］詹成. 视译教学的原理、步骤及内容［J］. 上海翻译，2012（2）：48 – 50.

［4］钱多秀，唐璐. 视译课程教学思考［J］. 中国翻译，2014，35（3）：53 – 56.

英语专业翻译硬能力培养的探索与实践[*]

苗天顺[**]　　陈余洁[***]

摘要：本文通过研究英语专业的基本语言技术与商务翻译能力的相关性，分析学生如何培养语言技术能力，探讨学生掌握现代语言技术的过程、条件和标准、相关翻译工具的使用等。通过本课题的研究，提供英语专业本科生翻译硬能力培养的理据，再基于形成性评估和过程评估结果，构建翻译硬能力的培养模式，为国内高校英语专业翻译能力培养提供参考和借鉴。

关键词：英语专业；翻译能力；辅助翻译技术

1　引言

教育部 2015 年颁布的《高等学校商务英语专业本科教学质量国家标准》指出，商务英语专业旨在培养具有英语应用能力、商务实践能力、跨文化交流能力的复合型、应用型人才。其强调的翻译沟通交际能力涉及经济学、管理学、国际商法、国际营销、国际贸易实务、国际商务谈判、实用电子商务等。同时指出商务英语专业实训应在商务实训室等模拟仿真教学环境中操练外贸、金融、财务、营销、法律等实务流程。大数据、移动互联和云计算等新一代 IT 技术的发展，深刻地改变了新一代学习者的学习习惯和教师的教学模式。

---

　* 本文为 2020 年北京工商大学校级教育教学改革研究项目"《跨文化商务沟通》网络课程实践教学模式创新研究"（编号：JG205242）的成果。

　** 苗天顺，北京工商大学外国语学院副教授，主要研究方向为英语翻译。
　*** 陈余洁，北京工商大学外国语学院 2019 级研究生。

2　翻译硬能力的培养

近年来，我国本科院校越来越注重商务英语专业人才的应用能力，期待能够为社会提供更为优质的翻译人才，研究学生应掌握的基本语言技术与商务翻译能力的相关性，研究学生如何培养语言技术能力，研究学生掌握现代语言技术的过程、条件和标准、相关翻译工具的使用等，具体内容包括：①文本处理技术；②现代翻译工具的使用以及相关翻译辅助平台的构建，特别是 CAT 的使用对学生翻译能力的影响；分析这些语言技术能力与翻译质量和效率之间的关联度等；③团队协作技术；④信息检索与提取；⑤商务翻译能力与语言技术的因果关系；⑥协调好商务语言（双语）翻译能力与语言技术能力的关系，探索最佳平衡点和最佳课时比。

3　硬能力培养的途径

为了更好地利用计算机翻译相关技术，改善教学效果，项目组做了如下工作。

（1）建立了计算机翻译实验室，已经安装雅信翻译系统、SDL TRADOS 等计算机辅助翻译平台，完善了软硬件技术条件。

（2）积极开展基于慕课、微课等翻转课堂的混合式教学模式。在北京工商大学教务处"北工商商务英语示范课程"项目的资助下，专业教师录制了60 小时的商务英语精读微课、慕课课程。听说课程采用了基于"互联网＋"技术的大学英语交互式教程，实现课外学知识——在线微技能训练、课内活动练习——线下教学活动实践。

（3）建立了基于团队的教学模式。商务英语专业教学团队是大学英语课程教学管理的基本组织形式，负责相应班级的英语翻译课程教学全过程的实施与监管。工作内容主要包括课堂内和课堂外两个方面。课堂内教学日常教学工作主要包括教材内容教学和专业英语四级、八级考试专题（含必要的雅思或托福考试专题）教学工作两部分。项目组重点研究团队协作的系统工程，翻译过程中的原文文本预处理、术语统一、即时支持、质量监控等都要求学生具备的相关的翻译工具操作能力。

(4) 从 2015 年开始，在北京工商大学外国语学院翻译专业硕士班开设了计算机辅助翻译课程，得到了广大学生的肯定和欢迎。该课程设置课时 32 学时，主要内容有计算机辅助翻译软件应用的知识，如 Wordfast、雅信等；构建术语管理系统、文本检索、术语抽取技术、翻译记忆系统、对齐工具、软件本地化辅助工具、网页本地化辅助工具、字幕辅助翻译工具、翻译工作站等；构建双语平行语料库等。

(5) 基于网络的入学分级测试。通过对新生入学测试大规模考试提供的分级测试成绩，实现在线测试全流程信息化管理及听、说、读、写、译全题型智能化评阅，节省了组织大规模考试的出题、考试、监考、评阅、成绩分析等考务成本。考试分笔试和口试两部分，笔试题包括单选题、多选题、填空题、翻译题、作文题、简答题、论述题等，口试测试包括句子跟读、段落跟读、篇章朗读、复述、角色扮演、回答问题、口头作文等。

4 结语

通过此研究，项目组构建了具有"互联网＋"特色的计算机辅助翻译课程体系。此成果在"互联网＋"的视野下，构建了网络化的教学模式、教学内容课程评价体系、现代化教学手段等，覆盖了教、学、管、考、评、研各环节，凸显教育技术在翻译教学中的作用。将课程教学的目标放在"为跨学科服务"的理念上，精心制订的教学方案、清晰的教学内容和组织管理程序、丰富的教学资源、以分享精神为特征的基于慕课、微课的翻转课堂教学模式、多途径的便利学习工具和途径等为北京工商大学的课程教学改革树立了榜样。

中国特色词汇的英译

——以"建设"英译为例[*]

苗天顺[**] 刘 佳[***]

摘要：中国语境中特有的词汇在我们的政治文化环境中经长期使用而产生了独特的含义。在翻译过程中，译者需要考虑多种因素。要根据源语的语境考虑这些词汇的内在含义，不能只停留在字面意义上。本文从语用和词语搭配的视角分析"建设"一词在汉译英中的相应翻译，探讨其在汉译英翻译过程中的翻译策略，让读者轻松理解它所传达的概念。

关键词：建设；中国特色词汇；汉英翻译

中国特色词汇，如"精神""建设""文明""思想""科学（的）"等，在我们的政治文化环境中经长期使用而产生了独特的含义。例如，"科学（的）"在非科技语境中产生了"良好（good、well、well-planned/-developed、sound、improve）""适当（appropriate、proper）""正确（correct、precise）"等意义。词语搭配都遵循其自身的规律，若按字面意义把汉语搭配句型搬入英语，很可能会扭曲源语文本的意义。而且，词语搭配涉及概念的形成、理解和传达。因此，译者需要对目标语具有高度的敏感度和熟悉度，即能够识别具体的词语组合所表达的特定概念。例如，"不断丰富人民精神世界"直译为 to constantly enrich the people's spiritual world 后，译者应知道 the spiritual world 在

———————————

  * 本文为 2020 年北京工商大学校级教育教学改革研究项目"融入课程思政理念的大学英语混合式教学模式应用研究"（编号：JG205243）的成果。

 ** 苗天顺，北京工商大学外国语学院副教授，主要研究方向为英语翻译。

*** 刘佳，北京工商大学外国语学院 2019 级研究生。

目标语中是"宗教界"的意思，因此需要将其修改成 to constantly enrich the people's cultural life。"用科学的方法反腐"译为 to combat corruption with scientific methods 后，译者应能够认出 scientific method 是"科研方法"，因此须将其修正为 good method。因此，译者需要不断地查阅权威英语词典和专业参考书。

1 "建设"的英译

汉语文本中，"建设"搭配通常包括：现代化建设、经济建设、体系建设、基础设施建设、能力建设、部队/军队建设、法制建设、生态建设、工程建设、国防建设、文化建设、政治建设、制度建设、廉政建设、社会建设、（干部）队伍建设、国家建设等。而汉英词典所列的"建设"的翻译对等词一般为 build /building、construct/construction、reconstruction、development。这些词确实能解决不少"建设"的英译问题，然而，从翻译实践来看，十之六七误用了 construction。因此，我们首先从词语搭配的视角来探讨它的用法。

（1）建筑材料：brick，concrete，steel，timber（BrE），wood，wooden + construction；

（2）土木工程：bridge，building，canal，highway（AmE），railroad（AmE），railway（BrE），road；home（AmE），house，housing，residential（AmE）+ construction。

2 "建设"的搭配

从这些搭配词来看，construction 与具体的（physical）词语搭配，这些词语所指的东西是看得见、摸得着的物体。多数情况下，construction 需要兴土木。因此，"基础设施建设""工程建设""国家电网建设""5G 网络建设"等可以译为 the construction of infrastructure、project construction、the construction of the state power grid、the construction of 5G Internet。

与 construction/construct 相比，build（*vt.*）更加"可靠安全"。在表达"建设"概念时，to build 的使用范围更广，它既可与土木工程、设备、机械类名词及抽象名词同现，又可与关系、组织和制度类名词搭配。因此，"文化建设""党建""社区建设"分别可译为 culture building、party building、community building，"民主体制建设"可译为 to build a democratic system，"廉政建设"可用 to build a clean government 表达，"建设文明社会"可译为 to build a culturally advanced society。

reconstruction 一词往往在历史转折时期使用。确切地讲，战后、灾后、武装冲突后等的"建设/重建"，往往用 reconstruction。中华人民共和国刚成立后的经济建设和改革开放初十多年经济建设可用 economic reconstruction 来翻译。中国当前的经济建设，用 economic development 来表达。

development 通常与农业、工业、经济、能源等领域义类词同现。官方文件和新闻报道中经常出现的"经济建设、法制建设、文化建设、政治建设、社会建设、军队建设、能源建设、工业建设、农业建设、道德建设"等可译为 economic development/growth、legal development、cultural development、political development、social development、military development、energy development、industrial development、agricultural development、moral development 等耳熟能详的典型搭配。

以上几个"建设"的对等词用于不同的语境，与不同的词语搭配，而且表达截然不同的概念或意义，因此必须慎重选用。

3 结语

上述词语搭配应当能满足我们"建设"的英译之用，但不仅限于此，因为还有更多的表达方式。比如，"军队建设"的概念既可以译为 military modernization 或 army rebuilding，也可以用 to rebuild the army 或 to build up the armed forces 来表达；"生态建设"可译为 ecological restoration、ecological conservation、ecological development、ecological improvement；"国防建设"可译为 to strengthen national defense，或按英文报刊的表达用 to increase defense budget 和（national）security development 来翻译；"社会主义建设/socialist construction"可译为 to build a socialist country。这样，至少在词语搭配和概念上可让人理解。

论译员的会议口译译前准备工作

石宝华[*]

　　摘要：会议口译的成败在很大程度上取决于译员的口译准备工作。译员为即将到来的口译工作做好熟悉主题知识和术语准备、了解服务对象等，能够更好地完成翻译任务。

　　关键词：会议口译；译前准备

　　口译是指在特定情境中以口头方式实现跨文化、跨语言信息沟通的智力活动。会议口译是口译活动的一种特殊形式，是指为促成国际会议与会代表间的沟通交流而提供的口译服务。

　　为了使口译工作顺利进行，译员在接到口译任务起，就需要进行紧锣密鼓的准备工作，因为"没有一种会议对译员来说是不需要准备的"[1]。

1　熟悉口译的主题

　　除了要拥有扎实的语言基础，译员还需要有广博的背景知识。译员是翻译专才，也应该是通才。译员所要面对的口译领域繁多、主题各异：科技、商贸、经济、政务、司法、艺术、音乐等。仅以科技领域为例，它又涵盖了诸多口译主题，如生物技术等。所以译员在有条件的基础上，依照口译的主题，对相关的领域进行更深一步的了解。

---

　　*　石宝华，北京工商大学外国语学院讲师，主要研究方向为英语翻译。

2   术语准备

由于口译的本质是沟通，译员在进行专门领域知识的积累时，要同时留意中外对应的表达法或者平行文本，大量阅读相关的中英文资料，整理相关术语译法。例如，对于同一概念，可以在维基百科上找到中文和其他语言的解释。这些解释一般由该领域专家所写，不存在翻译关系。译员通过对比平行文本，能够对专业概念加深了解，领会更加地道的双语表达。在时间紧迫的情况下，大多数译员更愿意将有限的时间用于术语准备，因为他们觉得术语等值的确立对交替和同声传译会产生立竿见影的效果[2]。

3   了解服务对象

口译服务对象通常包括发言人、嘉宾、听众等，大型国际会议的听众往往是业内人士。因此，译员在口译时应注重专业术语的准确程度，因为国际会议是与会者把握业界最新动态的窗口。对于发言人和嘉宾，译员应该尽可能获得他们的姓名、性别、职务、头衔、服务机构、国籍等信息。如果可能的话，译员应该在会议开始前向他们索取名片或上网查找他们的履历、服务机构等，以减轻现场口译的压力。

参考文献

[1] 塞莱斯科维奇. 口译技艺［M］. 北京：北京语言学院出版社，1992：132.

[2] DANIEL G. Basic concepts and models for interpreter and translator training ［M］. Amsterdam：John Banjamins Publishing Company，1995：149.

近十年国内法律翻译笔译文献综述

谭　娇* 史岩林**

　　摘要：本文从法律语言、法律翻译策略和原则、法律翻译人才培养、法律翻译中的文化传递四个方面对近十年法律翻译笔译文献的现状进行了系统梳理和分析，总结了法律翻译研究取得的成果，指出了其中存在的问题，以期为法律翻译研究提供参考依据。

　　关键词：法律翻译；笔译；文献综述

　　法律语言属于特殊用途语言，有其自身特点，需要进行专门研究。本文对近十年法律翻译研究做一个全面的分析总结，以期为未来的研究提供参考。

　　首先，从语言层面来看，法律英语语言可分为词汇、条文、文本和法规名称四个方面，全面了解其特点有助于译者更好地开展法律翻译实践工作。第一，法律英语词汇包含普通但具有特殊法律意义的词汇、古体词汇、拉丁词汇、法语词汇、术语、正式词汇、意义模糊的词语和累赘词。其中，有些方面的研究已较为全面深入，如普通但具有特殊法律意义的词汇，特别是情态动词；有些方面的研究则比较欠缺，如累赘词的翻译，这方面的工作需要进一步加强。第二，库德（Coode）认为，法律条文的句子构成可分为五部分：法律主体、法律行为、条件、情况和限定条件，因此法律条文的语句结构比较固定，其翻译有方法可循[1]。国内学者李克兴曾对此有过详细论述，可以作为法律条文翻译参考依据。第三，苏姗（Susan）将法律文本按功能分为三大类：

　　* 谭娇，北京工商大学外国语学院翻译专业硕士研究生，研究方向为法律翻译。

　　** 史岩林，北京工商大学外国语学院副教授，研究方向为西方文学与文化批评、比较文学、翻译等。

①规定性的文本，如法律、法规等；②描写性的但也有规定性成分的文本，如司法决议、判决书等；③纯描写性的文本，如法律教科书、论文等[2]。目前，学者的研究主要集中在第一类文本翻译上。近年来，随着异国起诉案例或仲裁解决争端案例增多，国内对第二类文本翻译的需求增多，学者应加强此类文本的研究工作；第三类文本的翻译需求目前很小，各法学院可依据教学科研计划开展研究工作。第四，法律法规的名称在中外法律实践中占据重要位置，中英法律法规名称的翻译混乱导致法律问题的复杂化，人们需要高度重视法律法规名称的翻译问题。国内学者主要对中国法律中的"条、款、项、目"英译、中国法规名称"管理办法"英译、从法律位阶对比的视角梳理中国法律名称的英译现状等问题予以关注。今后，学者们应继续关注此类问题，夯实研究基础。

其次，从翻译策略和原则来看，它们都能指导法律翻译实践，策略是从宏观层面提出指导意见，原则则是从微观层面提出指导意见。宏观上，学者们从中国特色法律术语，或法律中的中长句翻译难点，或法律文本的特点等方面提出不同的翻译策略。翻译实践和翻译原则相辅相成。微观上，学者们从法律文本、或立法文本、中英法律形式对等方面提出不同的翻译原则，观点鲜明且详尽，能够较好地指导翻译实践工作，在此不再赘述。除此以外，国内学者尝试进一步拓宽研究视角和思路，如一些学者运用功能翻译理论、功能语言学、符号学和翻译三角的扩展解释、社会符号学等理论方法研究法律翻译问题，还有一些学者试图向纵深发展、开拓新的领域，研究法律英语中的隐喻、法律翻译中的创造性、法律翻译中的语用充实现象等。

再次，从法律翻译人才的培养来看，人才的培养集中体现在学科人才培养上，学科人才培养又体现在培养方案、实践教学和法律翻译教材三个方面。国内翻译学科建设已取得长足发展，但良莠不齐，存在诸多不足，法律翻译人才的培养也存在一些问题。譬如，法律翻译教材对人才的培养至关重要，近年来国内虽然出版了多部教材，但质量不尽如人意，而且，全国开设法律翻译的学校很少，无法满足市场需求。国内相关院校和学者需加强这方面的研究。

最后，从法律翻译中的文化传递来看，法律翻译不仅包括语言转换，还包括文化信息的传递。英国学者拜尔认为法律文化包含一切与法律活动相关的现象，譬如特定历史、政治制度、立法活动等。国内学者历来重视法律翻译中的文化问题。譬如，张法连总结了法律文化缺省导致的误译[3]；林巍采用比较法律文化的方法进行法律翻译[4]；林巍、赵友斌从动态等值的观点研究涉及法律文化互动内容的翻译[5]。但由于中国和英美的法律文化差异巨大，且在翻译实践中涌现出一些亟待解决的问题，这方面的研究仍旧方兴未艾。

　　本文分析总结了近十年国内法律翻译笔译的文献，从四个方面分析了法律翻译笔译的现状及存在的问题，为未来的研究提出建议。首先，在语言层面的研究已经比较深入，有些方面甚至重复，但是有些方面的研究则欠缺，如累赘词的翻译。其次，法律翻译策略和原则方面研究透彻，一些学者另辟蹊径，试图从功能语言学和社会符号学等角度来研究法律翻译实践，学者们可以继续加强这方面的工作。最后，学者们在法律翻译人才培养、法律翻译中的文化传递这两个方面的研究较少，未形成系统，有待继续深入研究。

参考文献

[1] COODE G. On legislative expression；or，the language of the written law ［M］. London：W. Benning，1845.

[2] SUSAN S. New approach to legal translation ［M］. The Hague：Kluwer Law International，1997.

[3] 张法连. 法律翻译中的文化传递 ［J］. 中国翻译，2019（2）：165 – 171.

[4] 林巍. "契约"概念翻译：比较法律文化的探究 ［J］. 中国翻译，2010（2）：55 – 60.

[5] 林巍，赵友斌. 着眼于法律文化互动中的动态等值 ［J］. 中国翻译，2018（4）：123 – 126.

党政文献英译本"基本"搭配抽样调查研究*

唐义均** 郑 佳***

摘要：本文从语用、语法和词语搭配的视角探讨 basically 在英语中的语言功能，比较了"基本"在汉语中的搭配行为，发现两者几无对等关系。然而，党政文献的英译者将汉语"基本"的搭配句型负迁移到了英译本中，造成了"副＋形／动"的搭配不当。本文还发现，从词语搭配的角度看，"基本"的翻译对等词实际上是 largely、mostly 等程度副词。

关键词：basically；"基本"；词语搭配；党政文献；汉英翻译

由于汉、英语分属不同语系，它们在语序、句子结构、词语搭配和逻辑语义的表达等方面都存在明显的差异。因此，在汉英翻译中要实现语义对等实属不易，而要达到"功能等值"则更加困难。例如，本文讨论的"基本（地／上）"与 basically 在词汇语法上存在着巨大差异，英汉之间几乎无对等关系。

1 basically 的语言学背景

虽然从我国出版的英汉或汉英双语词典来看，"基本（地／上）"（下称"基本"）与 basically 是一对翻译对等词，但从 *Collins COBUILD*（5th edition）来看，basically 的第一语义起语用的作用，表示强调或表明态度，可译为"说

---

* 本文为 2020 年北京工商大学校级教育教学改革研究项目"《跨文化商务沟通》网络课程实践教学模式创新研究"（编号：JG205242）的成果。

** 唐义均，北京工商大学外国语学院副教授，主要研究方向为英语翻译。

*** 郑佳，北京工商大学外国语学院 2019 级研究生。

白了，说到底，说穿了"等意思，如：Basically, I'm just lazy.（说白了，我就是懒。）麦卡锡和汉福德（McCarthy & Handford）将 basically 归为表明态度或观点的立场副词（stance adverbs）[1]。古德曼和爱德华兹（Goodman & Edwards）认为："basically、essentially、fundamentally 这些副词在说话时多用作衬垫，给予说话者思考的时间。"与 you know、I mean 等填充词（filler words）用法相同，主要是为了讲话时不冷场而填补时间用的，相当于汉语中的"这个、那个"[2]。由于 basically 是明显的立场副词，主要起语用的作用，本族语使用者更多的是将 basically 用于口语。

2　basically 与"基本"的语料库词丛调查

检索结果表明，basically 处于主语（it, I, you, this, etc.）位置前共 273 次；位于句子 be 之后、表语之前，而且表语一般以 a/an, the, what, that, your/his, to-infin, of 等引导，共占 367 次；句中位置不详但明显位于代词、连词、介词、冠词、数字、语气词及情态动词前，共 135 次。Basically 与实词同现的只有 be basically concerned（6 次）和 which basically means（7 次）。从比例上看，位于主语前的频次约为 34.4%，位于名词、代词、冠词、连词、介词、情态动词等功能词前的，为 64.7%，位于普通动词前，仅占 0.9%。至此，可以明确的一点是，basically 基本上与功能词同现，与实词同现的概率极小。总之，从语法、语用到词语搭配，basically 都与汉语"基本"几无共同点。

3　"basically + 形/动"搭配调查

我们运用 Wordsmith Tools 的 Concordance 功能，以 basically 为节点词进行了检索，以便观察它的右侧搭配词。我们得到了 288 次：24 次右侧词是介词（短语），其中 in place 19 次，源语为"建立""到位""建成"等；2 次修饰句子，如"Basically, rural and urban residents are connected to the same grid and pay the same rate"；34 次与形容词同现，228 次与普通动词同现。

由此可见，两者虽然在语义上是翻译对等词，但它们在语用、语法和词语搭配上不对等。确切地说，basically 与"基本"在各自的句法中是不对位的。

由于地道英语中 basically 与实词搭配稀少，而汉语"基本"与实词搭配却非常频繁，造成了英译本中在 basically 的使用上与目标语差异巨大。其主要原因是，译者仅考虑语义层面的对等，未顾及词语搭配和语用的需要，将汉语的搭配句型迁移到了目标语中，在一定程度上构成了搭配不当。

4 "基本"的翻译对等词

既然 basically 不常与实义词同现，那么实义词与哪些副词同现呢？我们在英语搭配词典中对这些词项进行了反向查阅，结果发现，这些词几乎都可与程度副词 almost、nearly、practically、virtually、partly/partially、largely、mostly、completely、entirely、totally、thoroughly 等组合，尤其是完成义类和消灭义类词，如 nearly / largely complete 等。

从词语搭配的角度看，largely 与 mostly 比 basically 使用起来更为安全。也就是说，largely/mostly 才是"基本"的正确翻译对等词，虽然多数英汉双语词典均无此释义。从语义上看，汉语"基本"是程度副词，表示某项工作、任务或目标等接近完成，具体地说，完成或实现了八九成。因此，"基本稳定"与 mostly stable、"基本扫除文盲"与 largely /nearly eliminate illiteracy 可视为等值语义，显然其功能也等值。反过来，两者也可译为"基本"。

5 结语

综上所述，对于"基本"，译者只知其义不知其用，就很可能在目标语中造成搭配冲突。因此，翻译应是借"瓶"装"醋"，传神达意，而非逐词搬译。正如李晓红、卫乃兴所说的那样："'翻译对等'不再指词汇间机械式地一一对应，而是在形式、语义、语用方面力图最大限度向原语贴近和趋同，从而实现程度最高的对应。"[3]

功能翻译理论指导下翻译实践探究*

王　沛** 刘红艳***

摘要：商务合同是当事人从事商务相关的活动中为实现一定的经济目的而明确相互权利与义务关系的文书，对准确性、规范性要求高且具有法律约束力。功能翻译理论最核心概念为翻译目的论与翻译行为理论。由于商务合同文本的特殊社会功能，译者在翻译过程中往往带有很强的目的性来表达合同语言，这点恰好又与功能翻译理论的观点相一致，因此功能翻译理论对于企业年报的英译具有很大的指导意义。

关键词：企业年报；英语翻译实践报告；功能翻译

汉斯·弗米尔的目的论提出"翻译目的决定翻译方法，翻译预期目的和功能决定翻译策略"。商业合同语言有法律特征；精确，客观和严谨。商务合同目的是明确合同双方的具体权利义务，要求双方根据合同履行各自的义务。其配合目的论三原则为目的论原则、相干性原则和忠实性原则。对于提供合同翻译的目的，作者需要确保客户清楚合同的权利和义务。该翻译文本的目标读者为企业相关项目外方负责人、企业的潜在外方合作客户。

翻译实践过程涉及译前准备、翻译、译中难点、问题解决、校审。遇到的难题是合同中出现重复的商务和法律等专业词汇。建立专业术语库是解决词汇

---

　* 本文系"科技创新服务能力—省部级科研平台建设—社科省部级科研平台建设项目"（编号：19008020111）的部分研究成果。

　** 王沛，北京工商大学外国语学院翻译专业硕士研究生，主要研究方向为翻译研究。

　*** 刘红艳，北京工商大学外国语学院教授，研究方向为话语研究、语料库语言学研究、口笔译学习者语料库研究。

问题的最佳选择，可确保合同翻译中高频词和短语翻译的一致性与准确性。表1 为术语表示例。

表1　术语表示例

公司董事会 board of directors	宏观经济 macroeconomic
公司监事会 board of supervisors	汇率损益 currency gains or losses
高级管理人员 senior management	公积金 accumulation fund
当期折算 the current discount	差旅管理 travel management
监事 the supervisors	资产负债表 balance sheet

本文从词汇和句法两个层面研究公司年度报告的文体特征。

在词汇层面，商务合同作为一种法律文书，精准是其内在特征。其广泛使用正式严肃的专业术语，如：结算备付金 settlement provisions；折出资金 fold the money；衍生金融资产 derivative financial assets。频繁使用同义词被认为是一种配位结构，有助于避免或减少商务合同中一词多义现象，目的是包括所有可能情况而无一遗漏。例如，两个同义词由连词 and、or 连接。例如："本公司根据合营安排的结构，法律形式以及合营安排中约定的条款"；"其他相关事实和情况等因素，将合营安排分为共同经营和合营企业"；"本公司向共同经营投出或出售资产"，等等。

在句法层面，笔者研究句子成分及其排列顺序，进行汉英思维转换并深层次理解语言：语言结构中词汇与句子之间的内在逻辑关系体现在语言表达上。汉语商务合同中句子结构短而松散，句子之间依靠词语意义的内部衔接来形成词语和句子，其结构不存在形态变化。而英语广泛使用关系代词、关系副词、连接代词和连接副词来构成其句子树状般严谨的外显型逻辑结构。我们需在翻译功能理论的指导下，坚持忠实、准确、通顺地翻译文本从而使目的语文本与源语文本发挥同样的效应，从而满足外国客户的需求。

在词序层面，汉语主要依靠词序和内在逻辑来连接意义，通常遵循以下两个主要规律。

（1）时间法。

从语义上讲这是一种客观事件的序列，属于逻辑范畴。以时间规律意合在汉语语言中很常见。例如，"未通过单独体达成的合营安排……"汉语直接进行词汇意合，不使用"首先，然后，其实"。其实内在逻辑是：失败的企业，首先分为联合经营，然后……。例如，"公司利用自身资源和资金优势……"

汉语中虽没有用关联词来连接句子，却用时间顺序来构成意合："我们得知：公司先利用……，然后从国内狠抓转换业务团队业务……"人类对现实世界的认识往往从外在形式出发到局部状态，再到具体细节和本质特征。在汉语中时空大小的概念大致是这样的顺序。

（2）因果法。

因果法即先因后果，它包括假设可能性、让步与过渡、行为与目的、条件结果等。事实上因果规律和时间顺序规律也一致，只有因第一个动作才能产生相应结果，有条件才有结果，有让步才有转机。例如，"采用公允价值……"事实上汉语隐藏一种深层次的因果逻辑，通过意合的方式表达出来。其表达为："如果……那么由此产生的……"例如，"投资或出售的资产发生……"蕴含的因果逻辑以一种和谐的方式表达出来。其含义是："如果投资或者出售的资产……那么……"

通过分析，我们发现中文行文较多依据事件的时间、空间、因果和逻辑关系，而英语运用丰富的连接手段来表达时间顺序和逻辑关系。本文将功能翻译理论应用于供给合同的翻译，不仅从微观的词汇和句法层面，而且从宏观的策略选择层面都是可行的。功能主义翻译理论与翻译实践相结合，翻译过程中注重功能和目的的实现，力求形式和功能上实现对等。

基于搭配理论的法律条文翻译探究*

王　沛**　刘红艳***

摘要：法律翻译是一种交际过程，法律翻译中词汇选择、句法功能、搭配意义和情感色彩等因素直接影响法律翻译的质量。本文从词语搭配理论的角度，特别是以动词和宾语的搭配为例，对法律翻译中的动宾搭配的功能和意义进行了分析。

关键词：香港法律；法律翻译；词语搭配；动宾搭配

香港特别行政区的法律体系属英美法系。该法律的中、英文版本具有相同的法律效力和概念、意义和效力。词汇是外语学习之基，不仅要理解词义还应懂得词语的搭配、词所涉及的搭配范围及其局限性，从而在合适语境中恰当应用。"搭配"一词最早由伦敦学派创始人弗思（Firth）提出：在搭配理论和翻译中，搭配意义是一种组合层次上的抽象，与词语意义的概念或观念方法无关[1]。贝克（Baker）指出：大多数的搭配都有独特含义，这意味着一个词的意思通常取决于它与某些搭配的联系[2]。在搭配意义和翻译中它包括搭配范围、搭配标记、搭配语域等方面。语义搭配是由一个词所获得的各种关联，这些关联往往产生一些新的含义，其词义将产生 $1+1=2$、$1+1<2$、$1+1>2$ 三种情况。而大于"2"的部分肯定非意义本身，我们通常需要添加比整体结

---

　* 本文系"科技创新服务能力—省部级科研平台建设—社科省部级科研平台建设项目"（编号：19008020111）的部分研究成果。
　** 王沛，北京工商大学外国语学院翻译专业硕士研究生，主要研究方向为翻译研究。
　*** 刘红艳，北京工商大学外国语学院教授，研究方向为话语研究、语料库语言学研究、口笔译学习者语料库研究。

构意义更大的部分来进行翻译。法律翻译属特殊目的翻译的一个领域，在其翻译过程中也涉及两种不同的语言与文化。搭配是一种重要的语言组织形式，搭配形式的差异可以反映出原文与译文之间的差异。笔者决定以《香港基本法》第四章第三节的随机部分作为英汉双语语料库，基于语料库并从词语搭配理论对动宾结构的翻译进行研究。以下是笔者的摘录、总结和梳理，为观察和分析英汉词语搭配的异同，本文分别标记了不同短语的结构：①动词＋名词；②形容词＋名词；③动词＋副词。笔者将从这三种结构进行统计。

从摘录的资料中我们发现，汉语中存在大量的动词＋宾语（动宾）的结构，语言中动词很难掌握：数量多且词后的搭配复杂。有些名词与一个以上的动词构成良好搭配，有些名词只与一个动词就能很好地搭配。在法律翻译中，要注意动词与名词搭配、动词与副词搭配、形容词与名词搭配。从资料看出汉语惯用动名搭配，英语倾向于静态的名词性语言。例如，中文版第七十条的"重行选举产生"，是一个典型的动词叠用结构，三个动词"重新、选举、产生"连用，但英文版本不连续使用两个动词，而将"重新"作为核心动词并采用了被动语态结构，巧妙地将动词堆积的第二个动词"选举"变为名词并用连词短语将其做成状语。中文版第七十二条的"决定开会时间"，是一个典型的动词叠用结构，两个动词"决定"与"开会"连用，但英语表达却只将"决定"做核心动词，"开会"作为"the…of…"的抽象名词结构，极大体现了英文行文的强逻辑性与静态型语言特征。另一例子是第七十三条的"有严重的违法行为"，英语中为介词"with serious breach"的结构。

本研究表明在一个特定的平行语料库中通过数学统计的方法对文章中动词＋宾语搭配的三种结构进行统计，其中动词＋名词结构是中文惯用结构（中英使用次数差距最大），而英文喜用静态型结构进行形合。平行语料库传递了大量的背景信息和一些与翻译过程有关的因素，有助于从事特定领域术语翻译的研究者更好地理解目标材料。当一个词或一段语言的翻译在特定的语境中被批评为不准确或不恰当时，批评可能是指译者不能识别出一种不同于其各元素意义总和的独特意义的搭配模式。因此，在搭配理论的指导下，译者只有学习和掌握了这些规则，才能在翻译过程中正确处理好人物和对象的搭配，从而获得高质量的翻译作品。

参考文献

［1］ FIRTH J R. Modes of meaning［M］. London：Oxford University Press，1957：23.

［2］ BAKER M. In other words：a coursebook on translation ［M］. London：Routledge，1992：17.

翻译批评模式下商务翻译特点探究[*]

王　沛^{**}　刘红艳^{***}

摘要： 翻译批评是联系翻译理论和实践的纽带，商务翻译批评是在一定的理论指导下，遵循翻译原则，以历史、客观、全面、系统的方式观察和分析翻译过程和结果，并尽可能客观、科学和公正地运用一定的方法对译文进行评价。本文在翻译批评模式下，以具体的企业年报为实例，浅析商务翻译的特点。

关键词： 翻译批评模式；商务翻译；赖斯

1　理论基础

目的性原则、连贯性原则和忠实性原则贯穿翻译全过程，具体表现为：译文应能在目的语语境和文化中以目的语接受者所期望的方式发挥作用并使接收者理解目标语言的文化并在交际环境中使用。赖斯认为目的论的标准应该是"适当的"，而不是"对等的"，即目的语篇实现了与源语篇相同的交际功能。为了实现互文连贯，译者必须根据文本类型采取不同的翻译方法和策略，以最大限度在不同文化背景下实现源语和目的语的交际功能的一致性。

---

* 本文系"科技创新服务能力—省部级科研平台建设—社科省部级科研平台建设项目"（编号：19008020111）的部分研究成果。
** 王沛，北京工商大学外国语学院翻译专业硕士研究生，主要研究方向为翻译研究。
*** 刘红艳，北京工商大学外国语学院教授，研究方向为话语研究、语料库语言学研究、口笔译学习者语料库研究。

2 商务文本译例分析

赖斯功能主义翻译理论所提出的目的性原则突破了对等理论的限制，要求翻译活动必须依据翻译目的，以文本目的为翻译过程的第一准则。国内学者多进行翻译批评下的相关理论性研究，却很少有人将之与翻译实践活动结合，并将之应用到发挥经济效应的企业年报翻译中。商务文本属于信息类文本，主要目的和功能是准确、完整地传递信息。

本文摘录上海证券交易所年度报告 *STAR Companies Release Annual Reports with Highlights* 的部分内容，用中英文对比的方法进行分析。

例 1：As of April 30, 2020, all of the 100 companies listed on the SSE STAR Market（the "STAR companies" for short）had released their 2019 annual reports… Overall, the performance…meet market expectations, and show…features of science and technology innovation.（截至 2020 年 4 月 30 日，上海证券交易所科创板所有 100 家上市公司（简称为 "明星公司"）发布了 2019 年报……总体上，表现……达到市场预期，表现出科技创新特征。）

例 2：First of all, the STAR companies achieved a stable performance while securing progress…an increase of 14% year – on – year. The net profit…, and 90% of the companies were profitable after deducting non – recurring gains and losses.（首先，明星公司企业营收实现稳定增长……年增长率 14%。净利润……90% 的企业在扣除非经常性损益后实现盈利。）

例 3：Secondly, …. The companies…showed strong momentum of growth…the operating income and the net profit of the companies in the biomedicine industry grew by 28% and 14% respectively…maintained rapid growth…（二是，……企业……表现出强劲的增长势头……生物医学产业企业的营业收入和净利润分别增长 28% 和 14%……保持了快速增长。）

译者准确使用商务术语来有效地提高翻译的准确性和完整性，以确保目标读者能够清楚地理解出版商提出的商务要求。译者应该全面完整地展示原材料所涉及的所有信息，不能遗漏。特别是一些特别重要的业务规则和数据，必须保持完整和可靠。如例 1 的 "明星公司" 并不仅是一个技术术语，但如果不加引号或前后解释，译文可能会难以理解。在商务领域，它指在明星市场上市的公司。如了解一些相关的背景，翻译起来就会很容易、精准。例2、例3中有商务术语"非经常性收益""净利润"等。我们可以清楚地发现商务英语文本特点：英文重视形合，形式化和逻辑性强，语法严谨。

3　结语

目的导向翻译，在翻译批评中要考虑译文和受众的具体功能，并采用与功能范畴相关的标准，翻译过程中要受主观条件和译者个性的制约。商务翻译很有挑战性，它需要译者掌握专业术语，要熟知密切相关的源文本形式、意义和功能，力争让目标语言的读者有相同的源语言读者的阅读体验。因此，在翻译时，我们应该辩证地、批判地对待商务术语的翻译，结合商务翻译的特点和翻译技巧，译出优秀的商务译本。

语言学类

语言与性别研究综述[*]

陈思伊[**]　苗天顺[***]

摘要：自20世纪60年代起，伴随着社会语言学的兴起和女权运动的影响，语言和性别开始成为社会语言学的研究热点之一。本文对国内外语言与性别相关研究进行综述。西方对这一领域已经有相当的研究成果和理论，但是在国内专门针对汉语中的语言和性别问题的研究还在发展中。

关键词：语言；性别；差异；社会性别

社会性别语言的研究源于西方学界，最早产生于欧美国家，一些著名的西方语言学家如拉科夫（Lakoff）、齐默尔曼（Zimmerman）、韦斯特（West）等率先致力于言语的性别差异及其成因研究，为社会性别语言研究奠定了初步基础。就语种来讲，语言和性别的研究始于英语界，之后日语、俄语界等也开始研究语言和性别，其中俄罗斯的性别语言学研究发展迅速，已形成一定的体系，并设有专门的性别语言学，研究层面从语音到体态语，覆盖范围广。我国在该领域主要以外语研究学者针对英语、俄语等语种的研究为主，专门针对汉语的性别研究相对较少，且仅限于语音、文字层面，主要集中于20世纪八九十年代，如《北京话语里的性别差异》[1]《北京话"女国音"调查》[2]《语言与性别》[3]《汉字中的性别歧视》[4]等，较新的研究成果较少。

＊ 本文为2020年北京工商大学校级教育教学改革研究项目"融入课程思政理念的大学英语混合式教学模式应用研究"（编号：JG205243）的成果。

＊＊ 陈思伊，北京工商大学外国语学院助理研究员，中国社会科学院大学语言学与应用语言学在读博士，主要研究方向为教学管理、社会语言学。

＊＊＊ 苗天顺，北京工商大学外国语学院副教授，主要研究方向为英语翻译、语言学。

西方研究中就语言的性别差异大致可分为：语言当中对性别的描述的差异，如语言中描述男女的不平等现象；不同性别使用语言的特征的差异，如发音或词汇的选择方面的偏好；言语交际中不同性别所使用的交际策略或反应的差异，如女性更倾向于使用委婉的口吻、更多进行赞扬等。从语用层面看：较之于男性，女性在言谈中更注重遵守交际策略准则，对言语的礼貌有高度的要求，自觉地拒绝使用脏话粗语，认为同情和表扬是同男性交谈时维系自己尊严的有效手段；较之于男性，女性在言语交际中更多地使用感情评价词汇，用以表达自己丰富多样的社会性别意图；男女两性交谈的主题和话语风格各有侧重。男性之间喜欢交谈新闻、政治、经济、体育等，而女性之间则喜欢交谈人际关系、服饰、美容、发型等，且对颜色的感悟与表达比男性更为准确。一般来说，女性习惯于聊天式谈话，她们通常以人际关系为导向，聚焦于感情表达，强调和睦友好，让谈话起到相互沟通、支持的作用，而男性则习惯于报告式谈话，侧重于通报信息而不是表达感情，谈话的目的性很强；间接言语行为和委婉语是女性的典型语用特征，较之于男性，她们更喜欢以提问的形式来表达请求、肯定或者疑虑等，认为这种间接表达形式比较礼貌，富有人情味[5]。我国俄语研究学者周民权提出了社会性别语言定型的概念：社会性别语言定型作为一种观念或现象，通常是指语言中反映出来的人们对男女两性适切行为的社会期望，或者社会认定的更符合某一性别群体特征的语言模式，体现了社会性别语言世界图景中具有言语交际特征的社会规约和恒常现象的高度概括，以及男女两性在特定语境中必然采取或者通常会采取的言语交际策略的类型[6]。

语言学家在发现大量性别语言差异的同时，试图运用各种理论来阐释这些语言现象背后的社会和文化成因。总体来看，西方国家对语言性别差异的理论阐释经历了三个阶段：控制论、差异论和建构论。控制论认为男性在社会中处于主导和控制地位，这种社会地位是造成语言性别差异的主要原因；差异论，或称文化差异论，认为男女来自不同的社会语言亚文化，异性间交流是一种跨文化交际，因此男女会有不同的交际理念和交际规则，对会话规则有不同的解读；建构论最显著的特征是认为个体的性别身份并非由出生时的生物性别或早期社会化所决定，而是通过反复实施与男性气质和女性气质相适应的行为构建而成。换言之，性别不是与生俱来的，而是一种"社会建构"，是社会实践的结果。

综上所述，性别和语言研究在西方社会语言学界已经有相当的理论基础，我国的语言性别研究虽也有相当长的历史，但是目前的研究成果相比西方仍停留在相对初级的阶段，未形成汉语性别研究自己的体系。

调查发现，当前几乎所有关注语言与性别的关系的研究都是在男女两种性别的前提下展开的，没有注意到边缘小众的社会性别人群。在社会学中，已经对社会性别的概念有了普遍认可，一些国家和社会都承认双性、跨性别等社会性别的存在，而在性别语言研究中却将这部分人群忽略，这样可能会事实上影响到有关性别语言的研究结果，例如，跨性别者可能会展示出与自己生理性别完全不同的语言特征。

此外，现有的国内外有关性别和语言的研究以发现和总结男女性别语言差异及分析其社会成因为主，涉及变异较少，即较少分析那些不符合典型性普遍性性别差异的现象。

参考文献

[1] 曹志耘. 北京话语音里的性别差异 [J]. 汉语学习，1986（6）.

[2] 胡明扬. 北京话"女国音"调查 [J]. 语文建设，1988（1）.

[3] 赵蓉晖. 语言与性别———口语的社会语言学研究 [M]. 上海：上海外语教育出版社，2003.

[4] 苏杰. 汉字中的性别歧视 [M]. 语文学刊，1999（4）.

[5] 周民权. 当代俄罗斯社会性别语言学研究论略 [J]. 中国俄语教学，2010（8），12–16.

[6] 周民权. 俄汉社会性别语言的语用对比研究 [M]. 北京：北京大学出版社，2014.

视觉语法视角下《垃圾侠》
广告片的互动意义分析[*]

程俊玲^{**}　刘红艳^{***}

摘要：《垃圾侠》广告片集声音、图像、文字等多种符号为一体，实现意义构建，是研究构建图像意义的理想语料。本文以视觉语法分析为视角，从互动意义角度分析《垃圾侠》广告片，探讨该多模态广告的互动意义构建及其背后所隐含的反哺之情这一社会意义。

关键词：广告片；视觉语法；多模态

多模态话语指的是运用听觉、视觉、触觉等多种感觉，通过语音、图像、声音、动作等多种手段和符号资源进行交际的现象[1]。按照社会符号学家的观点，意义广泛地存在于视觉、听觉、行为、表情和动作等其他社会符号的资源系统中，只注重语言文字是远远不够的，因为没有一个单一的符号能够独立地完全理解话语意义[2]。因此一种模态在构建意义时具有局限性，与其他模态相结合可以达到相互强化的作用，使得表达形式更加丰富，让听者更好地了解话语目的。

广告片应充分调动各种感官，依托语言、图像、声音等多模态，加强与广

---

　* 本文系国家社会科学基金资助项目"基于多模态语料库的正常老年人和老年阿尔茨海默病患者语言蚀失及大脑机制对比研究"（编号：19BYY080）部分研究成果。

　** 程俊玲，北京工商大学外国语学院国际法商英语专业硕士研究生，主要研究方向为法商话语研究。

　*** 刘红艳，北京工商大学外国语学院教授，研究方向为话语分析、语料库语言学研究、口笔译学习者语料库研究、言语障碍患者即席话语研究。

告受众的互动性。一则好的广告片，不仅旨在提高潜在受众的转换率，而是能够向社会大众传达正确价值观，与受众产生共鸣。本文试以克雷斯（Kress）和利文（Leeuwen）的视觉语法理论为基础，从互动意义层面对《垃圾侠》广告片进行多模态分析，同时理解反哺之情的深刻含义。

1　视觉语法理论

系统功能语言学之父韩礼德把语言视为社会符号，并且提出了语言的三大元功能：概念功能、人际功能和语篇功能[3]。克雷斯和利文认为正如语言的语法决定词，如词组组成小句、句子和语篇，视觉语法解释描绘的人物、地点和事务如何组成不同复杂程度的视觉陈述[4]。克雷斯和利文将视觉语法也视为社会符号，并在哈利迪（Halliday）系统功能语言学的基础上，将语法扩展到视觉模式之中，由此创建了以再现意义、互动意义和构图意义为三大核心的视觉语法理论。在视觉语法中，再现意义、互动意义和构图意义分别对应的是语言中的概念功能、人际功能和语篇功能。视觉语法理论为分析图像提供了可靠的理论视角[5]。

2　《垃圾侠》广告片的互动意义分析

《垃圾侠》是 2015 年泰国投放的广告片，一经播出，迅速在网上走红。本广告时长为三分三十秒，讲述的是小男孩旁猜（Pornchai）希望自己变成垃圾侠，帮妈妈清扫街道，保护妈妈。

在视觉语法中，互动意义对应的是人际功能。互动意义处理互动者与评价取向之间的社会关系，参与者之间的相互作用[6]，也就是图像参与者和图像观看者之间的关系。下面主要从接触、社会距离、态度和情态四个方面分析图像的互动意义。

（1）接触。克雷斯和利文认为接触是指图像中参与者通过目光的指向与观看者之间建立起来的一种想象中的接触关系。接触可根据图像的参与者和观看者之间是否通过眼神进行交流将其分为索取类图像和提供类图像[7]，如图1、图 2 所示。

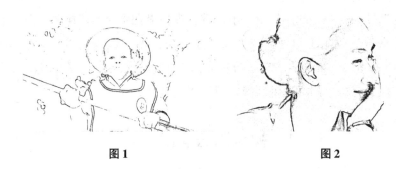

图1　　　　　　　　　　　　　　　图2

图1中，主人公旁猜看向观看者，与观看者有眼神交流，拉近了参与者与观看者之间的距离，有利于观看者与旁猜产生情感上的共鸣。图2中主人公为女教师，其以侧面形象出现，希望阻断与观看者之间的情感交流。其眼神并未与观看者之间产生交流，观看者也不能真切地感受到老师此刻的情绪。

（2）社会距离。社会距离分为两种，一种是参与者与观看者之间的关系，可以通过镜头远近也就是构图大小来进行判断；另一种是参与者之间的社会关系，主要通过图像参与者之间的距离远近来实现，如图3、图4所示。

图3　　　　　　　　　　　　　　　图4

图3呈现的是女老师在批改学生作品时，其他两名老师经过她的身边。从图3中可以看出，另外两名老师之间的距离很近，表明他们之间的关系比较亲密；而该老师与这两位老师之间只是相互注视，并未有任何语言交流，说明该女老师与其他两位老师的关系并不亲密。

图4同样呈现的是老师批改学生作品的场景。图片展示的是该女老师和参与者之间的关系。该图的拍摄镜头使用的是近镜头，拉近了女老师与参与者的关系，参与者可以感受到女老师对旁猜的作品《垃圾侠》的满意程度。

（3）态度。态度是另外一种分析参与者之间的互动关系的方式，不同的视角反映出不同的态度。大部分图像都可以从水平视角和垂直视角这两个角度进行相关分析。水平视角又可以分为正面视角和斜面视角。根据克雷斯和利文的观点，正面视角能够让观众产生一种身临其境的感觉，斜面视角可增加双方之间的距离感。从垂直角度分析来看，俯视视角可给观看者一种权势感，水平视角表示观看者和参与者二者之间关系平等，仰视视角表示参与者处于一种强势地位。

图5是女老师在询问学生旁猜的情况的镜头。学生仰视站在其面前的老师。对女老师的拍摄角度为仰视视角，体现出老师在学生面前具有威严，学生处于被支配地位。

图6场景为即使汽车已经行驶远了，旁猜仍然注视着其驶离的镜头。因为妈妈曾经遭遇过车祸，使得旁猜对来往车辆持有非常警惕的态度。这里拍摄所用的视角是侧面，表明观看者和参与者之间的互动关系减弱，观看者没有与旁猜相似的经历，故而无法感同身受地体会到旁猜此刻对行驶车辆的警觉性。

图5   图6

（4）情态。情态指对事物的陈述的真实度和可信度。可分为高、中、低三个维度。克雷斯和利文从色彩饱和度、色彩区分度、色彩调协度、语境化、再现、深度、照明和亮度等八个视觉标记，探讨图像中情态的现实意义，如图7、图8所示。

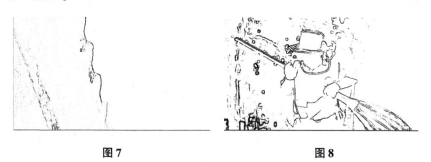

图7   图8

图7的镜头是下雨天气，整个场景采用昏暗的色调，具有较低的情态值，

给观看者传递出一种忧伤的情绪,更好地渲染了旁猜和妈妈的当前处境。图8是旁猜在帮妈妈打扫卫生的镜头,具有较高的情态值,自然地展现出真实的生活环境,预示二人的生活将越来越好。

3　结语

本文以克雷斯和利文的视觉语法理论为视角,初步分析了《垃圾侠》广告中多模态意义的构建,分析了广告中图像的互动意义。以多模态视角探讨视频广告中多层次、多模态互动,将语言符号、认知功能、信息的输入与输出方式紧密结合。进一步说明了身体姿势、眼神、面部表情、身体动作等非言语要素在言语行为表达中的重要性,为我们采用多模态视角研究广告类言语行为提供了理论支持。

参考文献

[1] 张德禄. 多模态话语分析综合理论框架探索 [J]. 中国外语, 2009, 6 (1): 24 – 30.

[2] HODEGE R, KRESS G. Social semiotics [M]. Cambridge: Polity Press, 1988.

[3] HALLIDAY M A K. An introduction to functional grammar [M]. London: Edward Arnold, 2000.

[4] KRESS G, VAN LEEUWEN T. Reading image: the grammar of visual design [M]. London: Routledge, 2006.

[5] 张敬源, 贾培培. 关于视觉语法的几点思考 [J]. 当代外语研究, 2012 (3).

[6] 张茹.《觉醒》电影语篇的多模态话语研究 [J]. 视听, 2018 (2): 80 – 81.

[7] 胡壮麟, 朱永生, 张德禄, 等. 系统功能语言学概论 [M]. 北京: 北京大学出版社, 2017.

信息单位视角下看语篇的连贯性

黄清如[*]

摘要：本文旨在通过论述信息单位结构和篇章连贯性的关系揭示英语语篇的内在逻辑和规律，以期对英语语言的教和学以启迪。通过在语篇层面框架下解释信息是如何推进发展的，是如何形成有效的逻辑连贯和文章统一的，来展示信息单位在语篇中的信息推进过程、机制。

关键词：信息单位；已知信息；未知信息；语篇连贯性；粘连性；统一性

任何语篇，无论长短皆有其篇章的连贯性，或曰文章的可读性（readability）。其衔接机制可分为指代、省略，重复、连接、标点、词汇、语序和韵律等连接手段。正是因为有了这些语义上的衔接，文章才具有了功能上的连贯和统一，话语接受者才能在恰当的语境中领悟作者语篇目的和表达意图。

然而在众多研究语篇衔接手段中，鲜有文章讨论信息单位在语篇中的连贯作用，这可能由于信息单位更多表现为语义功能的概念而非句法的衔接机制。本文探讨信息单位在语篇中所起的连贯作用和功能并揭示其对英语语言能力发展的启示作用。

1 信息单位和语篇连贯的相互关系和相互作用

1.1 语篇的连贯性

任何一个有效的语篇必须带有连贯性，也就是说篇章的各个成分之间一定

---

* 黄清如，北京工商大学外国语学院讲师，主要研究方向为应用语言学。

是连贯一致的。这是因为连贯是文章的组成成分，是相互影响和相互关联的方式。要做到这一点，句子的开头多用话语接受者所熟悉的或常见的信息，这是因为受话者在读一个新的句子前往往对前面句子的信息记得比较清楚，能更好地连贯地理解句子之间的语义从而获得作者所想表达的意图。但句子只有之间的粘连性未必能达到语篇连贯的效果，文章还要具有统一性，即语篇中的话题是否构成一组相关联的概念。博格瑞德（Beaugrande）和德克斯勒（Dressler）认为，语篇世界是潜藏于表层语篇后的语义网络，由概念和关系组成[1]。

1.2 信息单位

信息在语篇中表达了预料之中还是出乎意料的概念或是体现其已知还是未知的程度。哈利迪（Halliday）把信息定义为：我们在这里所说的信息指已知的或可以预测的和新的或不可预测的之间相互作用的过程。在语言学的意义上，信息是由新旧信息交替而产生的[2]。所以信息单位是一种由新的和已知的两种功能组成的结构。

由此可见语篇是一个完整的语义单位，由一个一个信息单位组成，而每个信息单位是两个功能构成的结构，即新信息和已知信息。这种结构的产生是由新信息和已知信息相互作用、相互推进而来的。每个句子都有自己的主位结构，但是当我们接触语篇时，就会发现，绝大多数语篇都是由两个或两个以上的句子构成的。这个时候，前后句子的新旧信息之间就发生某种联系和变化。

1.3 信息单位和篇章连贯的相互关系

主位结构理论作为语篇分析中的重要概念把信息结构的研究从句子层面上升到语篇层面，使我们能发现信息结构在篇章中呈现什么样的形式，可以帮助我们把握语篇中新旧信息相互联系、相互作用、相互转化的语义网络。

所谓主位结构即主位与述位的结合。主位是话语的出发点，而述位则是对主位进行叙述、说明和描写，是话语的核心内容或信息焦点。每个句子都有主位和述位。其形式表现为句子的第一部分为主位，主位后面的其他陈述为述位。主位通常传递交际双方熟知或有所闻的信息，述位则常常传递受话者未知的内容。这样的信息结构形式正好体现了信息尾重原则，即信息焦点处于句子的后部，而主位信息则是未知信息传递的支点。

2　对英语语言能力发展的启迪

在母语环境的语言习得中，语篇连贯由于语言的内在因素而自然而然形成和固化，这是因为无论语篇生产者还是接受者，他们在母语的环境下都会自觉地认定语篇是连贯和统一的，否则交流沟通无法有效进行。这在母语环境下的语言习得是难以出现和发生的。而把英语作为第二外语学习的学生们，在培养语言能力时更多关注的是自己的词汇和语法结构知识的增长，根本不会注意信息结构这样深层面的问题。

纵观前文，信息结构与语篇连贯的相互作用无论对语言的输入能力还是输出能力的提高都是至关重要的。

3　结语

诚然，信息单位功能结构只是局限于已知信息和未知信息之间的区分是远远不够的，在未知和已知之间存在许多灰色信息，有待于后续研究和探索，但信息单位与语篇连贯的关系仍对我们的英语教学和语言能力的培养意义非凡。

参考文献

[1] BEAUGRANDE R, DRESSLER W U. Introduction to text linguistics [M]. London：Longman, 1981.

[2] HALLIDAY M A K. An introduction to functional grammar [M]. New York：Edward Arnold, 1985.

双语能力与认知老化相关研究综述[*]

李妍聪[**]　　刘红艳[***]

摘要：现今老年人口数量日益增长，引发学界对认知老化机制及预防、延缓认知老化进行相应探索，已有研究表明双语能力或对认知老化起到一定积极作用。本文主要梳理了有关双语能力与正常认知老化及病理性认知老化研究进展，为未来研究发展提供参考。

关键词：双语；认知老化；痴呆症

1　引言

随着近年认知语言学、神经语言学和老年语言学的发展，语言与认知能力的相关研究从早期聚焦儿童逐渐扩展到成年人和老年群体。认知老化逐渐成为老年群体的普遍性特点，已有研究表明，一些防范潜在患病可能的干预策略可以降低认知老化的风险，如体育锻炼、认知训练、学习一门新的语言和保持健康的饮食习惯等[1]。西方关注语言与认知老化的代表学者比亚尔斯托克（Bia-lystok）、克雷克（Craik）等人已对双语对延缓老年痴呆的积极效果进行研究。由于认知老化原因不同，双语能力对正常老年人和患病老年人在认知层面的影

　＊ 本文系国家社会科学基金资助项目"基于多模态语料库的正常老年人和老年阿尔茨海默病患者语言蚀失及大脑机制对比研究"（编号：19BYY080）部分研究成果。

　＊＊ 李妍聪，北京工商大学外国语学院国际法商英语专业硕士研究生，研究方向为法商话语。

　＊＊＊ 刘红艳，北京工商大学外国语学院教授，研究方向为话语分析、学习者语料库研究、言语障碍患者即席话语。

响和机制也有所不同。

2　双语能力与正常认知老化研究

现有双语能力对正常老年人认知情况影响研究包括跟踪性调查，如比较单双语老年人出现认知障碍的时间来判断双语对延缓认知老化的影响，以及设计任务型实验，如对比单双语老年患者在完成相同记忆任务的结果来推知双语能力的作用等。尽管越来越多的实验结论陆续强化、验证双语能力对认知老化有积极作用的结论，也有部分实验结果与多数正向结果不相一致，如克兰（Crane）等学者的研究发现，语言程度和认知程度在日裔美国人身上并无关联[2]。桑德斯（Sanders）等人的研究也表明英语作为第二语言与认知之间并未有证据证明有关系[3]。对于类似实验结果，巴克（Bak）和阿拉迪（Alladi）两位学者认为，由于双语整体性的本质无法被简化为一项任务或一种认知功能。双语者在沟通时要一直处理不同语言的声音、文字、概念、语法结构和社会规则，而目前的研究多集中在选择性注意、注意转换和反应抑制等等质性功能，并不能涵盖整个双语所涉及的方面。此外两种语言之间的关系、双语与单语者之间的社会地位差异、语言习得的不同场所、语言能力等因素都有可能会对双语在认知过程中产生影响并对内在的神经机制有所作用，故实验结果势必受到实验设计本身以及被试者自身因素等多方面条件影响[4]。格雷迪（Grady）等学者对单语和双语老龄人群的脑网络活动进行检测，发现双语者在执行控制任务方面具备一定认知优势。研究人员对被试与执行控制相关的脑区进行检测和数据分析，研究结果发现双语者的额顶控制网络和默认网络之间的内在功能连接性较单语者更强。双语者的额顶控制网络相互关联更强，其任务相关的前额叶和顶叶脑区活动也有所增加[5]。由此可见，尽管不同学者对于双语能力对于正常认知老化的延缓作用评测方法各不相同，但大部分研究的结果表示双语能力的积极作用不可忽视，其深层机制也有待更加科学有效的评测方法实现进一步探索。

3　双语能力与病理性认知老化研究

在各类认知老化病症中，阿尔茨海默病是最为常见且典型的一种，自从

2007 年加拿大学者比亚尔斯托克（Bialystok）等人对双语能力与痴呆之间的关系进行研究，得出结论双语者较单语者患痴呆症时间要晚 4 年以上[6]，陆续有学者对双语能力对老年痴呆症的研究进行探索。通过对单双语痴呆症患者临床表现的观察，或者对掌握多种语言的患者进行调查，大部分研究发现双语能力对延缓痴呆有显著作用。而通过对单语、双语轻度认知障碍患者以及单语、双语痴呆患者的大脑皮层厚度和组织密度进行检测，发现具备双语能力能够促进大脑语言与认知控制区域灰质增加，进而延缓该疾病相关脑萎缩导致的认知能力退化[7]。

除阿尔茨海默病外，帕金森病、阿尔茨海默病和亨廷顿病，都是由特殊脑细胞死亡引起的，那么双语也极有可能对诸如多发性硬化症，帕金森病和亨廷顿病这三种神经系统退行性疾病起到一定作用。多发性硬化症，帕金森病和亨廷顿病三种疾病均为运动障碍，并伴随一定认知困难，其大脑病变区域互有重叠。亨廷顿病引起的执行功能衰退，其脑萎缩方式和双语的神经储备区域联系密切，而亨廷顿病执行功能衰退区域和认知功能区相连接，故双语经验有可能促进认知功能的提升。帕金森病是与运动障碍相关的神经退行性疾病，患帕金森病的人常有伴随性认知功能障碍，这也是帕金森病患者最常见的非运动特征。与亨廷顿病病患相似，帕金森病患者大脑神经结构与双语所在神经储备区有重合。多发性硬化症是一种自身免疫性疾病，很少有研究直接证明双语的认知和神经效用对多发性硬化症患者有影响，但由于该疾病受整个中央神经系统白质和灰质的影响，而双语对这些区域的神经储备构建有积极作用，所以双语能力也有可能会对多发性硬化症患病区域的认知储备有影响[8]。不可否认的是，对于以上疾病双语能力的有效作用仍需大量相关实验研究证明。

4　结语

通过以上回顾可知，双语能力对认知老化的延缓作用的相关研究已经初具规模，未来关于语言本身特点、种类与延缓认知老化的效果差异，双语能力对不同认知老化病症作用程度等方面的研究还需要更多的实验证明。

参考文献

[1] KLIMOVA B，KUCA K. Alzheimer's disease：potential preventive，non – invasive，interven-

tion strategies in lowering the risk of cognitive decline—a review study [J]. Journal of applied biomedicine, 2015, 13 (4): 257 – 261.

[2] CRANE P K, GRUHL J C, EROSHEVA E A, et al. Use of spoken and written Japanese did not protect Japanese – American men from cognitive decline in late life [J]. Journals of gerontology series b: psychological sciences and social sciences, 2010, 65 (6): 654 – 666.

[3] SANDERS A E, HALL C B, KATZ M J, et al. Non – native language use and risk of incident dementia in the elderly [J]. Journal of Alzheimer's disease, 2012, 29 (1), 99 – 108.

[4] BAK T H, ALLADI S. Can being bilingual affect the onset of dementia? [J]. Future neurology, 2014, 9 (2), 101 – 103.

[5] GRADY C L, LUK G, CRAIK F I, et al. Brain network activity in monolingual and bilingual older adults [J]. Neuropsychologia, 2015, 66: 170 – 181.

[6] BIALYSTOK E, CRAIK F I, FREEDMAN M. Bilingualism as a protection against the onset of symptoms of dementia [J]. Neuropsychologia, 2007, 45: 459 – 464.

[7] DUNCAN H D, NIKELSKI J, PILON R, et al. Structural brain differences between monolingual and multilingual patients with mild cognitive impairment and Alzheimer disease: evidence for cognitive reserve [J]. Neuropsychologia, 2017, 12: 270 – 282.

[8] VOITS T, PLIATSIKAS C, ROBSON H, et al. Beyond Alzheimer's disease: bilingualism and other types of neurodegeneration [J]. Neuropsychologia, 2019, 12.

浅谈认知语法与外语教学

马　蓉* 许小艳**

摘要： 根据语言的导管隐喻假设，语言习得就是学习装载思想观念的"容器"，但是该看法忽视了语义的认知本质。本文对认知语法及心理观照作以简要梳理，旨在提出外语教学的目标是掌握体现于词汇和语法系统的观照手段，即心理观照的重新建构，最终达到和目标语说话人尽可能同样的语言选择与灵活运用。

关键词： 心理观照；认知语法

语言就像传递思想观念的"导管"。说话人将思想观念装进词语、短语或句子等"容器"，通过语言这一"导管"传递给听话人，听话人通过这些"容器"接收到这些思想观念[1]。语言的导管隐喻假设（conduit metaphor）影响深远。基于该隐喻，语言习得就是学习装载思想观念的"容器"。具体来说，词汇用于观念表达，语法用于组词成句，两者结合，学习者便掌握了语言。众多外语教师有意或无意遵循了这一思路。

但是，该看法忽视了语义的认知本质。认知语法假设，表达的意义在于概念化（conceptualization），是人类在与世界互动过程中构建起的心理经验。因此，语义描写既包括客观的情景，还涉及主体（subject）如何观察或组织这一情景即心理观照。这样，语言表达也就不仅仅是装载大大小小或抽象或具体事物的"容器"。主体和客观情景即客体（object）的观照关系可简要描写如图1所示。

---

　　* 马蓉，北京工商大学外国语学院讲师，主要研究方向为应用语言学、英语翻译、英语教学法。
　** 许小艳，西安交通大学外国语学院讲师，主要研究方向为认知语言学、语用学、应用语言学。

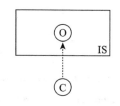

图1　主体和客体的关系

　　圆 C 指主体，通常是说话人和听话人，由圆 C 到圆 O 的虚线箭头指主体对客体的观照，即通过特定的意象来建构客体。这时，客体即圆 O 成为主体关注的焦点，主体及其与客体的观照关系处于背景地位[2]。兰盖克（Langacker）以舞台模型为喻来解释主体和客体的关系。主体是观众，正在观看舞台表演。方框 IS 是舞台的表演区，称为直接辖区（immediate scope，IS）[2]。此时，主体位于台下，在表演区之外；客体作为演员，位于台上，在表演区之内。

　　句 a 中由于任何客体的概念化都涉及如图 1 所示主体与客体的观照关系配置，因此任何表达都不仅仅是传递情景内容，它还传递出说话人对这些内容的特定观照手段。又由于语言系统源自语言表达的共性抽取与固化（entrenchment），因此这个系统也会在不同层面体现出这些观照手段。

　　例：a. Fred watered the plants flat.

　　b. 佛瑞德给这些植物浇满了水。

　　句 a 中，"Fred"作为专有名词指实实在在的人，非常具体；而"plants"涵盖了所有花草树木，是抽象的范畴。这体现了词汇选择的抽象程度差异。比较句 a 和句 b，同样都是"浇水多"，英语关注"水的平面"即"flat"；汉语关注"水的溢出"即"满"。这是英汉突显的概念成分不同。最后，尽管句 a、句 b 中动词均接两个论元构成动结构式，但是，英语是"the plants"充当"water"的宾语；而汉语是"水"充当"浇"的宾语，"这些植物"只能通过介词"给"引出。这是英汉动结构式编码的观照模型（construal model）差异[3]。

　　当然，基于认知语法，这些观照手段都是人类一般认知能力的反映。但是，对于不同语言，出于历史文化、语言演变、民族特质等原因，这些手段的具体实现却是千差万别。如例 1 所示，这既体现在词汇层面上，也体现在语法层面上。因此，外语教学的目标是，掌握体现于词汇和语法系统的观照手段，即心理观照的重新建构，最终达到和目标语说话人尽可能同样的语言选择与灵活运用。

参考文献

［1］ LANGACKER R W. Foundations of cognitive grammar volume II: descriptive application ［M］. Stanford, California: Stanford University Press, 1991.

［2］ LANGACKER R W. Subjectification, grammaticization, and conceptual archetypes ［C］// ATHANASIADOU A, CANAKIS C, CORNILLIE B. Subjectification: various paths to subjectivity ［C］. Berlin: Walter de Gruyter, 2006: 17 – 40.

［3］ 赵琪. 英汉动结式的共性与个性 ［J］. 外语教学与研究, 2009 (4): 258 – 265.

人际管理理论下庭审话语修正研究*

石笑秋**　　刘红艳***

摘要：人际关系管理理论从语用学的角度阐释了社会交往中特别是言语交际中人们应该怎样管理交际双方的社会关系，促进交际的和谐进行。会话修正作为一种常见的语用策略，不仅是一种语言修补手段，也是一种人际关系缓和手段。在言语交际中扮演着调和作用，使交际顺利进行。本文从人际关系管理理论出发，通过实例探讨会话修正在庭审环境下的语用功能。

关键词：庭审话语；会话修正；人际关系；和谐管理

会话修正是自然话语中最常见的言语机制，因为话语中不可避免地产生阻碍，而修正则是化解阻碍、使话语继续顺利推进的有效手段。修正现象在庭审中非常普遍，在庭审辩论阶段，由法官主导向双方当事人进行盘问，双方当事人脱离了文稿，需要在短时间内生成和建构话语，不经过加工和修饰，不可避免地出现口误和遗漏。作为语言修补的手段，修正策略能保证信息传递的顺畅。

2000 年斯潘塞 - 欧替（Spencer-Oatey）提出了人际关系管理理论[1]，亦称和谐管理理论。该理论是在面子理论和（不）礼貌话语研究基础上发展，斯潘塞 - 欧替认为面子关注的是个体和自治，即树立自己在公众面前的个人形

* 本文系"科技创新服务能力—省部级科研平台建设—社科省部级科研平台建设项目"（编号：19008020111）的部分研究成果。
** 石笑秋，北京工商大学外国语学院研究生，主要研究方向法商话语。
*** 刘红艳，北京工商大学外国语学院教授，研究方向为话语分析、语料库语言学研究、言语障碍患者即席话语。

象，而人际关系管理从集体和社会交际视角切入，即关注人际关系的管理而不仅仅是个人面子的管理。人际交往中既存在和谐也存在冲突，交际行为人既可以通过语言去构建、维护良好的人际关系，也可以通过忽视或威胁去破坏人际关系。因此斯潘塞－欧替提出了人际关系和谐管理的四种模式：和谐—维持取向、和谐—增强取向、和谐—忽视取向及和谐—威胁取向[1]。在人际交往过程中，和谐的人际关系可能由于对交际者面子或社交权的威胁而遭到破坏，或引起交际双方的冲突。面子威胁指的是交际过程中对交际者的素质面子或身份面子的威胁。社交权威胁是指在交际过程中交际者的平等权和交往权受到威胁。素质面子是指交际主体希望对方对自己的技能等个人素质方面做出正面评价，与个人自尊和个人形象密切相关。身份面子指交际主体希望自己的社会身份得到对方的认同和维护，与公共价值息息相关。社交权威胁主要是交际人感到自己在交际中的平等地位受到损害，如感到对方驱使或是不公平的命令。

人际关系管理理论关注的是面子和权利两方面[2]，本文重点讨论前者。笔者认为会话修正作为一种语言策略，也可成为人际关系的缓和手段。因诉讼双方有着截然相反的目的，庭审双方不合作是既定的，争议与矛盾也是难免的。以往庭审场景中会有大量不礼貌话语或威胁面子话语。但伴随着庭审录像和直播的普及，以及法官的引导，庭审当事人会更加注重自身话语的质量和自身形象，就会更多地对自己的言语进行修正，从而缓和或消除人际关系中各种潜在的人际冲突和负面效应。

法庭语境中，身份越平等，越容易产生强烈的话语冲突。在民事案件中原告被告地位平等，与法官关系也更为亲近，更容易产生威胁面子话语。交际人在面子受到威胁的情况下会用修正策略进行回应。

法官：最好把资金往来的情况列个单子，钱到哪儿都清楚了。

被告：如果是所有的，量太大了，是不是应该在原告说他有一定的证据证明托管行违背了托管义务的情况下……如果没有任何证据就要求托管行提供全部流水证明履行合同约定义务的话，会给托管行附加过重的证明责任，（2秒后）并且可能会拖延案件进程。

法官：是这样，对合同义务是否履行义务主体有举证责任，谁有合同义务谁就去举证。实话实说，投资基金里……咱们围绕本案的焦点问题主要还是托管人负有安全保管基金资产安全，在一定范围内监督管理人的投资运作过程。你主要围绕这个来进行举证。建议先把流水账拉出来。拉出来以后管理人有合理怀疑的你再进行质证。

被告：我觉得涉及的量太大了，等于全方位都拉出来，再让他一项项来挑，时间也太长了，因为这个账确实量太大了，且原告未举证托管行有任何违约。

法官：考虑考虑，（1秒后）回去你再斟酌考虑吧。

这段对话选自一桩民事私募投资案件，法官希望被告（托管人）提供原告完整的投资交易流水，被告以工作量太大为由拒绝，由于此案已经延期审理，被告也对话语进行插入修正：提供证据会拖延审判进程。被告拒绝的理由充分，法官的提议遭到反对和质疑，一定程度上法官的身份面子遭到威胁，所以在第二轮对话中法官使用了"是这样、实话实说，建议"这样的缓和语，希望被告接受这一建议并降低面子威胁程度。但被告仍然拒绝，两次建议都遭到拒绝，对法官的身份面子威胁已经很大，所以法官进行了重复：回去你再斟酌考虑吧。这句话就不再是缓和语气，法官似乎在提醒被告不利的后果，降低面子威胁程度，维持了法官的社会身份。

会话修正不仅是言语交际的需要，也是人际关系管理理论下不可缺少的一种语用策略，合理地使用会话修正不仅可以达到交际目的，而且可以降低威胁程度，在庭审中可以为自己正名辩护或帮助自己赢回面子，也可以更好地管理双方的人际关系。

参考文献

[1] SPENCER – OATEY H. Politeness, face and perceptions of rapport: unpackaging their bases and interrelationships [J]. Journal of politeness research: language, behaviour, culture, 2005 (1).

[2] 冉永平. 人际交往中的和谐管理模式及其违反 [J]. 外语教学, 2002 (4).

Improve the IELTS Writing
Score by Learning Linguistics[*]

徐从磊[**]　颜　昆[***]

Abstract：The purpose of this essay is to address the root of this problem through three main aspects, namely semantics, discourse analysis and second language acquisition.

Key words：IELTS writing；semantics；discourse analysis；second language acquisition

1　The relationship between semantics and lexical resources

Most English teachers in China only let students spell the single words and write down their Chinese meanings through dictations. But most of them overlook their collocations. Learning set phrases can help you to make fewer mistakes, make your essay more natural, at the same time, to enrich your written and oral language[1].

　　* 本文系"科技创新服务能力—省部级科研平台建设—社科省部级科研平台建设项目"（编号：19008020111）的部分研究成果。

　　** 徐从磊，北京工商大学外国语学院英语专业 2017 级学生。

　　*** 颜昆，北京工商大学外国语学院讲师。

2　What can we learn from discourse analysis to improve coherence and cohesion?

2.1　Anaphora and pro – forms

Candidates are aware of using pro – forms, but they usually overuse or even misuse them. They seldom make mistakes in a sentence in which there is only one pro – form. When there are more than one pro – form, however, they may make mistakes. Some candidates may be confused about which semantic feature the pro – form refers to. This is because they do not know that the appropriate anaphoric connection is a matter of inferring which makes most sense pragmatically, which corresponds most closely with the readers ' contextual knowledge of the world. In other words, it is a matter of discourse interpretation[2].

2.2　Cohesion

Most candidates have been taught that using pronouns to refer to previous noun phrases enables them to recognize the cohesion of their essay. But apart from this approach, there are still other useful means to improve your cohesion. Firstly, features of a preceding noun phrase can also be copied by pro – forms that consist of nouns of more general or inclusive meaning. For instance, we can use the noun phrase *that country* to refer to the previous word *Romania*. Apart from that pro – forms can not only use to refer to the previous noun phrases but also verbs. Most importantly, we call the pronouns or pro – forms cohesive devices, which are applied as sign posts and designed to key into context in order to express the message the writer has in mind. Nevertheless, some essays, although they embody cohesive devices, they still remain at b and 6 or ever lower level. The reason behind this must be that their essays are illogical, which puzzle the examiners. In other words, we do not recognize their purposes because it does not correspond with the communicative conventions of any genre which we are familiar with. And we find it incoherent as discourse, cohesive though it is as a text. [2]

3　What can we learn from second language acquisition（SLA）

Noam Chomsky argues that language is governed by a set of highly abstract principles that provide parameters which are given particular settings in different languages[3]. In Germany the average grade would be band 7. 0. This is because, to some extent, both English and German belong to Germanic branch. But Chinese bear little resemblance to English. For example, we often use reflexive to avoid repetition. Here is an example: Tom knew that the doctor would blame himself. When this sentence is read by an English speaker, he or she knows that the reflexive himself must be the doctor rather than Tom, because reflexives in English permit only local binding. But Chinese students may be confused about who it refers to. Due to this situation, we, as English learners, need to know the differences between English and Chinese, and try to make comparison between these two languages.

References

[1] O'DELL F. MCCARTHY M. English collocations in use [M]. Beijing: Foreign Language Teaching and Research Press, 2014.

[2] WIDDOWSON H G. Discourse analysis [M]. Shanghai: Shanghai Foreign Language Educational Press, 2012.

[3] ELLIS R. Second language acquisition [M]. London: Oxford University Press, 1997.

文学类

独白剧《喋喋人生：写信的女人》
的多模态隐喻解读

范惠璇*

摘要：多模态隐喻研究综合视觉、听觉、触觉和味觉等多种感官方式，进一步丰富了隐喻意义。本文试从多模态隐喻角度出发，探讨独白剧《喋喋人生：写信的女人》中的隐喻元素。

关键词：隐喻；多模态隐喻；《喋喋人生：写信的女人》

1　多模态隐喻

随着信息技术的发展与交际形式的多样化，隐喻作为一种广泛存在的认知过程，不再局限于语言修辞表征，而更倾向于综合使用文字、图像、声音、气味等若干符号系统，更加生动形象地传达信息、表达情感。

鉴于语言文字只是人类众多表达方式的一种，荷兰学者福斯维亚（Forceville）在语言符号系统基础上结合多重感官体验，提出了多模态隐喻研究观点。福斯维亚将"模态"定义为"通过具体的感知过程来进行阐释的符号系统"，根据感官不同可分为五类即听觉模态、视觉模态、味觉模态、嗅觉模态和触觉模态，并进一步细分为九类符号系统：图像符号、书面符号、口头符号、手势、声音、音乐、气味、味道和接触[1]。而多模态正是通过多个感官联动或多种符号系统协同来实现交流互动[2]。

---

* 范惠璇，北京工商大学外国语学院讲师，主要研究方向为外国语言学及应用语言学。

2　《喋喋人生：写信的女人》中的多模态隐喻解读

《喋喋人生：写信的女人》系列剧由英国剧作家贝内特（Bennett）创作于1988—1989 年，并于 2020 年 6 月重制播映。有别于传统热播英剧，该剧通过第一人称视角创造性地使用独白叙述形式，展现了 20 世纪八九十年代英国不同社会阶层的生存状态。《写信的女人》为该系列剧第一集，讲述了性格孤僻、愤世嫉俗的独居老人拉多克（Ruddock）经常通过信件投诉方式宣泄愤懑不满，并在窥视新邻居夫妇过程中误以为其虐待儿童而向警方写信投诉，真相大白后因长期不当投诉最终入狱的故事。

在呈现主人公拉多克的独居生活时，剧集画面整体色彩沉郁昏暗。无论是场景布置还是主人公的服装造型，多以深棕、墨绿和藏蓝为主，几乎没有鲜亮明快的颜色。亮色系的缺失反映了故事伊始主人公长期乏味的独居生活与沉闷古怪的性格特点。而在拉多克入狱后，其独白时所在的监狱活动室大体以嫩绿、浅黄为主，且点缀以红、粉和天蓝，暗示了其入狱后逐渐敞开心扉、恢复与人交流的积极转变。从家到监狱的场景转换，伴随着异于常理的画面色调变化，在视觉模态层面揭示了喋喋不休、满腹牢骚的独居老人实则寂寞孤独、渴望陪伴的真实心理。

另外，从听觉模态角度，剧集对不同场景下背景音的细腻处理也恰到好处地渲染了气氛。故事开篇，在拉多克讲述以往数次投诉经历时，时钟指针不断的"滴答"声贯穿始终，凸显了独居老人郁结寥落的心态；而当一切真相大白，拉多克得知新邻居夫妇并非疏于料理家务或虐待儿童，而是不得不奔波于家和医院间陪伴罹患白血病的孩子，加之听闻孩子不治身亡的消息，医院走廊里空旷的回声、远方救护车隐隐的鸣笛无一不衬托出主人公痛苦悔恨的心情；入狱后，当拉多克兴致勃勃地讲述与狱友相处的点滴趣事时，窗外传来啁啾鸟啼、门外听得欢声笑语，仿佛暗示了主人公柳暗花明、豁然开朗的心境。随着故事推进，背景音微妙的变化不仅吻合场景转换，更烘托了主人公曲折的心路历程，使观众更身临其境地体会故事情节、理解人物心理。

3 结语

《喋喋人生：写信的女人》通过结合多种模态，在言语文字之外，交互使用画面色彩、背景音等符号系统，在长达四十分钟的纯独白中，充分调动了观众多重感官，有助于加深对剧情的体悟。

参考文献

［1］FORCEVILLE C. Multimodal metaphor［M］. Berlin：Mouton de Gruyter, 2009.

［2］陈风华，胡冬梅. 多模态隐喻研究 20 年（1998—2017）——理论、实践与进展［J］.
    外国语文，2018（9）：107-113.

简·奥斯汀作品里的环境映射

胡子嫣* 田 芳**

摘要：简·奥斯汀是著名的女作家，其作品以描写英国乡镇的资产阶级爱情为主，书中环境多安逸平静，主要矛盾都在于感情纠纷而不太涉及英国当时正进行的时代变革。本文通过对其作品的横向对比分析以及当时的背景探索客观环境对奥斯汀作品的影响。

关键词：简·奥斯汀；英国文学；爱情

和简·奥斯汀多数作品中的与世无争宁静安谧的庄园生活不同，她本人所生活的 19 世纪初期的英格兰正经历着各方面的巨大转折。

在经济方面，资本主义刚刚萌芽的大英帝国带动了商业发展和对工人的剥削。她虽然极少提到当时的经济状况，但她本人也享受了资本主义发展带来的成果，这点反映在了她书中丰富的物质生活以及对工人阶级的完全无视上。工业上，大量工厂开始采取蒸汽动力，中产阶级成为社会主流，而这也是奥斯汀作品中多数女主角的出身。

简·奥斯汀出身于一个牧师家庭，她的父亲乔治·奥斯汀拥有体面的地位，但奥斯汀家族并没有与之相匹配的财产。这不代表她所接触的环境就局限于此。简的两个哥哥分别迎娶了庄园男爵夫人的女儿和一位将军的女儿（公爵的孙女）；年龄相仿的弟弟弗兰克官至海军元帅。除去她不太乐观的财产情况，简的环境无疑为她和帝国的上流社会架起了桥梁。而这座桥梁对其思想和

---

* 胡子嫣，北京工商大学外国语学院 2018 级在校生。

** 田芳，北京工商大学外国语学院讲师，主要研究方向为二语习得、英语教育。

价值观的影响都一一体现在了她的作品中。

其作品始终贯彻着一个思想：绝不赞成仅仅为财产进行的结合。纵观她的作品这个原则从未动摇，无论是从最受欢迎的以独立机智著名拒绝了科林斯的伊丽莎白·班内特，还是自己拥有大笔财产的艾玛，寄人篱下但拒绝为财产倾倒的范妮，天真忠诚的凯瑟琳和坚持选择失去继承权的埃利诺。这些女主角共同的特点是绝对不因为了金钱给自己订下没有爱情的婚姻。伊丽莎白最后嫁给了众多女性的梦想情人达西，艾玛和拥有跟她一样多财产的奈特利喜结连理，范妮嫁给了暗恋已久的表哥——曼斯菲尔德庄园的继承人埃德蒙，凯瑟琳嫁给了富有的蒂尔尼；埃利诺与两情相悦的爱德华牧师结局圆满——她的结婚对象在物质方面大概是其中较差的，但仍不失中产阶级地位。这些男性角色不仅和女主角心意相通、相貌堂堂，也都拥有客观的财富。这凸显了奥斯汀的另一个理念：不能为了财产结婚，但婚姻绝不能不考虑财产，而且女方即便在财产方面并不乐观，也要在精神上可进行平等交流。这可能也是奥斯汀的作品经久不衰的原因之一，它们完美反映了一个资产阶级女性的一切幻想。

相反，如果仅仅为了财产结婚而为人不齿，那么连财产都不考虑的婚姻在她的作品里几乎是背德。以《傲慢与偏见》为例，书中的反面角色威科姆的两大罪行之一是身为老达西先生的养子却试图与他的女儿结婚，因此遭到达西的侮辱并被驱逐；另一件则是与伊丽莎白的妹妹私奔。就前者而言，书中塑造的威科姆形象默认了他对达西小姐的追求不存在爱情的可能，只是贪图财富；而后者直白地通过了班内特一家的看法表露了作者的观点：他们的私奔只是威科姆敲诈班内特家的伎俩，不然他可以直接上门求婚。然而以当时的婚姻法结合是需要父母的同意的，在秘密婚姻非法的情况下选择私奔的绝望情侣也层出不穷。但是威科姆却成为了书中罪大恶极的人物，尽管他的所作所为可以有合理的解释。简坚持给他盖上了一个有罪的烙印，主要原因是他居然敢追求地位和财富远在他之上的达西小姐，未果后和一个虽然不太富裕但仍属于体面的小康乡绅家庭的女孩私奔。他的财产地位配不上他的野望，而他却不愿意安分守己，这是这个角色的"原罪"。像这样因为身份和财产被判罪的角色不在少数。《诺桑觉寺》中的家境普通的索普兄妹，妹妹试图攀附凯瑟琳之兄，哥哥则试图勾引凯瑟琳，失败后在凯瑟琳心仪的蒂尔尼面前诋毁她；而家境优越的蒂尔尼兄妹正直且善解人意。《理智与情感》中的威洛比，先是让十四岁的布兰登上校的养女怀孕，后抛弃了女主角的妹妹玛丽安。简的作品中并非没有出身高贵富有的负面人物，但主要反派基本都出身于中产阶级以下。

　　简的作品受人欢迎有很大原因是作品里描述的精神平等、志趣相投却又考虑了现实条件的爱情。这种挑选恋爱对象的方式在 21 世纪也为中产阶级所推崇。但不可否认的是，她的作品有极大的时代局限性，而且描写范围相对狭隘，"从钥匙孔中看一个世界"有时被人误解为世界只是这一个钥匙孔。或许用现代的眼光批判简不太公正，但其作品中的价值观更多反映了该时代资产阶级的观念——所有的批判也基于此，而非针对作者个人。

菲利普·福雷斯特与飞行文学蠡测

吉　山*

摘要：法国著名作家、文学评论家、法国艺术文学军官勋章获得者菲利普·福雷斯特先生著作等身。众所周知，福雷斯特先生在国内通常被解读为自传体小说作家，即"自撰"作家。目前已翻译为中文的四部作品大多源于他的生活。然而，在"从自传到自撰"的解读中，飞行及飞行文学则成为暗含在其生活及文学创作中的不可或缺的部分。本文将尝试从"飞行及飞行文学"的角度，解读福雷斯特先生的文学创作。

关键词：菲利普·福雷斯特；飞行文学

1　菲利普·福雷斯特与飞行

　　法国知名作家、学者菲利普·福雷斯特先生曾担任法国知名文学评论杂志《新法兰西评论》主编，并多次荣获法国及欧洲各类文学奖：费米娜处女作奖（《永恒的孩子》），葛兰扎纳·加乌尔文学奖（《纸上的精灵》），十二月文学奖（《然而》），法国飞行俱乐部文学大奖（《云之世纪》）等[1]。

　　其中《永恒的孩子》《纸上的精灵》均以"孩子逝去"为主题，《然而》也是在作者痛失爱女之后，受邀到日本访问期间所作。该作品中的三位日本艺术家皆与作者有着相似的经历：小林一茶痛失幼儿，借助诗歌来表达心中苦楚；第二位是日本现代小说之父夏目漱石，他也曾失幼女；而第三位是第一位

---

* 吉山，北京工商大学外国语学院讲师，主要研究方向为法语语言文学及文化。

拍摄长崎原子弹爆炸罹难者的著名摄影师山端庸介，他曾用镜头记录下垂死的幼童。

不可否认"逝去的孩子"是其创作的主要主题，然而，在此主题之下，飞行及飞行文学成为暗含在其生活及文学创作中的不可或缺的部分。福雷斯特先生的父亲是战斗机飞行员，战争结束后成为法航的飞行员。2019 年，福雷斯特先生在北京工商大学外国语学院的一场关于《小王子》的讲座中曾提到，他得到的第一本书便是父母在圣诞节时送给他的《圣－埃克絮佩里文集》。那时起，福雷斯特先生受到了飞行文学的熏陶与启迪。2009 年，时值《新法兰西评论》杂志诞生 100 周年，杂志社希望通过特刊向法国历史上伟大的文学家致敬以表纪念，在无人选择圣－埃克絮佩里时，福雷斯特选择了他。而后，福雷斯特担任《新法兰西评论》主编时，主持了一期名为《文学的童年》的特刊来庆祝《小王子》出版 70 周年。

同时福雷斯特先生也直言不讳地表达了他的两部小说均受到了圣－埃克絮佩里的启迪。在《永恒的孩子》中，福雷斯特回应了《小王子》中童年的神话。在《云之世纪》中，福雷斯特向圣－埃克絮佩里的《人类的大地》致敬，通过讲述第二次世界大战期间父亲作为战斗机飞行员和之后在法航担任机长的故事，从侧面讲述了自第二次世界大战以来的航空史并向父亲致敬。

2　菲利普·福雷斯特与飞行文学

在《永恒的孩子》中，福雷斯特会给女儿波丽娜讲彼得的故事，这也是他女儿最喜欢的故事。众所周知，彼得是詹姆斯·巴里的作品《小飞侠彼得·潘》的主人公，他会飞行，不断地穿梭在童真的幻想与成人的现实世界。在《永恒的孩子》中有这样一段对话[2]：

阿莉丝说："你还是个小孩儿，写字太难了，如果你乐意，我们可以试着认字。……比如，在 Pauline 这个名字里，有字母 p……a……" 听着，p 发音像 Papa！"

"或者像 Peter？"

"是的，对极了！还像 Pinocchio。然后是 a，就是 Avion 的 a！"

在《云之世纪》中，飞行无处不在。对作者来说，童年，父亲是缺席的，他飞行在高远的天空，偶尔返回家中，却不知道何时又要再次飞上天空。神秘的父亲，令人充满遐想的职业，文学的滋养，都使得作者一直保持着对飞行及飞行文学的激情与思考。在圣－埃克絮佩里的《人类的大地》中，作者用散文诗般的语言，以八个不同主题如航线、同志、飞行、飞机和行星等，记录下自己在飞行中的感受与思索[3]。借助飞机，他到达了大多数人未曾达到的高度和视角，在高空中俯瞰人类大地，审视自我及生灵，飞行中忽而狂风骤雨，忽而晴空万里，飞行员在不停地与自我、环境进行斗争，正如在历史长河中人类生生不息的奋斗一样[4]。

3　结语

综上所述，菲利普·福雷斯特的创作不仅仅围绕在从"自传到自撰"的"逝去"主题下，同时飞行及飞行文学也是暗含在其生活及文学创作中的不可或缺的组成部分。

参考文献

[1] FOREST P. Le siècle des nuages [M]. Paris：Gallimard，2010.

[2] 福雷斯特. 永恒的孩子 [M]. 唐珍，译. 北京：人民文学出版社，2016.

[3] 圣－埃克絮佩里. 人类的大地 [M]. 黄荭，译. 南京：江苏教育出版社，2005.

[4] 胡玉龙. 飞行的生命——圣－埃克絮佩里的《人类的大地》[J]. 国外文学，2000 (1).

戏剧雕塑是莎剧的装饰性颤音

全凤霞[*]

摘要：如果将欧洲的整个雕塑历史比作一部多乐章的交响乐，那么莎士比亚的戏剧雕塑为这部宏伟的乐章增加了几个优美的音符，而这些戏剧雕塑更是莎士比亚戏剧本身的装饰性颤音。

关键词：莎剧；雕塑；颤音

在莎士比亚的传奇剧《冬天的故事》的剧终[1]，西西里国王偕同王公大臣观赏西西里王后的雕像。正当所有的观者像膜拜"断臂维纳斯"女神一样崇拜西西里王后的雕像时，王后的雕像像希腊神话里皮格马利翁的雕像一样神奇地复活，最后西西里国王与王后、公主幸福地团圆。

在《罗密欧与朱丽叶》的剧终，失去了儿子和女儿的两位仇人握手言和。他们有感于两个年轻人忠贞的爱情，决定给他们铸造雕像，蒙太古要用纯金为朱丽叶铸一座像，"罗密欧也要有一座同样富丽的金像卧在他情人的身旁"。

莎士比亚的戏剧作品中多处雕塑情节的闪现并非出于偶然，而是有着深厚的历史文化背景，体现出了欧洲的雕塑传统对文学创作等社会文化生活的深厚影响。在欧洲，一座座修道院、一座座教堂、一个个祭坛等宗教场所和世俗的剧院等公共场所往往就是一所所雕塑陈列馆，其廊间柱头、柱身、柱础往往装饰着由无数工匠创作的精彩雕塑，散发着永久的魅力。这样的作品数不胜数，春风化雨般对人们的思想意识产生着潜移默化的作用。欧洲雕塑艺术有着悠久的历史，历经古希腊罗马时代、中世纪、文艺复兴等时代，产生了无数永恒的

---

[*] 全凤霞，北京工商大学外国语学院副教授，主要研究方向为英美文学、英语教学。

艺术杰作，比如法国雕塑大师罗丹（1840—1917）的《思想者》几乎是雕塑的代名词。

颤音是一种音乐装饰音，往往用在乐句或乐章的结尾。颤音可以令乐音松弛，变得活泼生动，令乐曲的色彩更加丰富，音色更圆润悦耳，从而使音乐更加优美动听，提高艺术的感染力，使音乐的表现力更加丰富，激发人们的想象[2]。同样，莎剧结尾处的戏剧情节也会产生余音袅袅、绕梁三日的动人效果，使戏剧故事意犹未尽。

"在分析作品本身之前，还是先讲讲这个历史人物"。这是我们在美术鉴赏书籍里最常读到的一句话。这句话说明一个深刻的道理，即了解雕塑作品所表现的人物的真实故事，有助于对作品从形式到内容的全面的理解。莎士比亚在《冬天的故事》第五幕第二场中的说"即使观察最灵敏的人倘使不曾知道前因后果，也一定辨不出来那意义是欢喜还是伤心"讲的是同样的道理。我们在欣赏一幅精彩的人物绘画或一尊杰出的雕塑作品时，可能会被其传神的表情、优美的形态所感动，但这是纯艺术层面的欣赏。如果我们能了解作品中主人公真实的人生故事，知道他的身份、地位、功绩以及富有个性色彩的内容，让我们会对作品进行更全面的理解。

《君士坦丁巨头像》是一尊位于罗马的云石雕塑作品，是一个残存头像，高 2.5 米。它有着高大的鼻子、紧闭的嘴唇、粗壮的脖子，最重要的是，它有着一双关注着远方、永远凝视的超常大眼。那眼睛里的瞳仁真的是无比生动，似乎有钻石在闪耀。看到这一切，我们无不惊叹于雕刻家精湛的技艺，他给石头赋予了如此美妙的生动形象。

罗丹的《巴尔扎克》雕像表现出巴尔扎克身披宽松的睡袍，双手交叉在胸前，身躯微微后仰，昂起雄狮般的头颅，显出一副忘却现实、神游于创作幻境中的神态。据同代人回忆，巴尔扎克往往在夜深人静之际，独处工作室，借助大量浓咖啡提神，与他笔下那些活生生的人物同呼吸共命运。只有了解了巴尔扎克的创作习惯，才能明白雕塑艺术家展示主人公身披宽大睡袍的神游状态的用心。罗丹有力地抓住了人物的神，并通过挥洒自如的写意手法将其灌注于作品之中，使整尊雕像跃动着生命、力量和激情[3]。

西方雕塑中，工艺美术品的尺寸往往远比真人小，而纪念性雕像往往是真人大小的尺寸或更大。从形式上讲，《冬天的故事》王后的雕像和《罗密欧与朱丽叶》的雕像都是纪念性雕像。想想他们传奇的人生故事，我们的思绪开始飘荡……

参考文献

［1］莎士比亚. 莎士比亚全集［M］. 朱生豪，译. 北京：人民文学出版社，2010.

［2］董小玉. 西方文艺美学导论［M］. 成都：西南师范大学出版社，1997.

［3］欧阳英. 西方雕塑艺术金库［M］. 北京：中国青年出版社，2000.

是"loneliness"还是"solitude"？

——试解读《百年孤独》中的孤独

王秀贞[*]

摘要：部头不大的一本《百年孤独》，已让世界荡气回肠半个世纪。纵横捭阖的故事，错落有致的人物，有机地交织在一个家族百年七代的生命历程中。对于"孤独"，千人千解读。本文从英译本对"孤独"的翻译处理入手，通过文本细读，诠释其处理方式的合理性。

关键词：孤独；自由；选择；和解

1 引子

在哥伦比亚作家加西亚·马尔克斯的原西班牙文《百年孤独》译本中，在南海出版公司出版、由范晔翻译的中文译本里出现了 54 次"孤独"；而在企鹅出版集团出版、由乔治（Gregory）翻译的英文译本中用了 1 处 loneliness、7 处 lonely、46 次 solitude。那么问题来了：都是"孤独"，为什么该英文译本的题目和正文中绝大多数都选用了 solitude 一词呢？

首先明确一下这两个英文单词的含义。比较权威的英语辞典（*Longman Dictionary of Contemporary English*）是这样描述这两个词的：

solitude：when you are alone，especially when this is what you enjoy

lonely：unhappy because you are alone or do not have anyone to talk to

---

* 王秀贞，北京工商大学外国语学院讲师，主要研究方向为英美文学、英语教育。

比较可知，solitude 与 enjoy 相关，而 lonely 与 unhappy 相关。那么《百年孤独》英译本中为何出现最多的"孤独"是 solitude 呢？细读文本之后，笔者非常认同该英译本的这种处理方式，因为《百年孤独》中的孤独不是凄凉的，而是自由的，是能使人与世界和解的。

2　孤独是自由：选择的自由

2.1　丽贝卡选择孤独的自由

年幼即丧失双亲的丽贝卡，带着父母的骨殖投奔远亲，成了何塞·阿尔卡蒂奥·布恩迪亚和其妻乌尔苏拉的养女。长大后，她爱上了调琴师意大利人皮埃特罗·克雷斯皮，但阴差阳错地，她跟何塞·阿尔卡蒂奥·布恩迪亚的大儿子何塞·阿尔卡蒂奥结了婚，无子嗣。她孤独地在一所破败的房子里居住了若干年并被大家遗忘后，偶然地，奥雷里亚诺第二发现她还活着，并决定接她回家照料她，但这番好意被丽贝卡断然拒绝了。原因是：

"Rebeca, who had needed many years of suffering and misery in order to attain the privileges of solitude and who was not disposed to renounce them in exchange for an old age disturbed by the false attractions of charity."

丽贝卡认为这是自己好不容易才得来的孤独特权，她可不愿意放弃，不愿意拿它去换取一个被虚假迷人的怜悯打扰的晚年。

2.2　阿玛兰妲选择终身不嫁的自由

阿玛兰妲最初也爱上了调琴师意大利人皮埃特罗·克雷斯皮，并偷偷给他写了一封封没有寄出、带着泪痕、狂热的信。后来她便千方百计地阻挠他和丽贝卡的婚事。丽贝卡嫁给何塞·阿尔卡蒂奥后，阿玛兰妲又开始主动邀请皮埃特罗·克雷斯皮到家里做客。后者慢慢爱上了她，并且向她求婚，却被断然拒绝。皮埃特罗·克雷斯皮因绝望而自杀后，阿玛兰妲烧伤了自己的一只手，并从此在上面裹上了黑纱。

后来，奥雷里亚诺的好友兼战友赫里内勒多·马尔克斯屡次向阿玛兰妲求婚，都被拒绝。多年以后，马尔克斯再次请求她嫁给自己时，阿玛兰妲说都年纪一大把了，已经过了谈婚论嫁的时候。

不管出于哪种原因，阿玛兰妲拒绝了所有的求婚者。最后，她忙着给自己准备寿衣：

It might have been said that she wove during the day and unwove during the night, and not with any hope of defeating solitude in that way, but, quite the contrary, in order to nurture it.

天天忙于给自己织寿衣的阿玛兰妲，白天织，晚上拆，是为了击败孤独吗？不！为的是持守孤独。换句话说，她主动选择了孤独。

3　结语

权力的孤独，可以让作为革命者的奥雷里亚诺上校放弃革命，回到僻静的小屋；爱情的孤独，使终身不嫁的阿玛兰妲接纳了自己的人生。这些孤独，都是故事中的人物基于自由意志而主动选择的，表现出的是选择的尊严，而不是凄凄惨惨的悲凉，所以，用 solitude 来处理"孤独"一词，十分贴切。

菲尔丁小说中的法律要素*

吴 濛**

摘要：菲尔丁被誉为"英国小说之父"，但鲜为人知的是，他还是一名法官。本文以其笔下两个经典法律场景"法庭"与"监狱"为例，展现作家的法律从业背景对其小说创作的影响，同时挖掘作家是如何通过文本与现实的交织互动来影响18世纪英国社会司法的秩序重构和观念重塑的。

关键词：菲尔丁；法律场景；法庭；监狱

菲尔丁的法律从业经历对其小说创作产生了深远的影响，一方面，他的小说中夹杂着不少法律案件，呈现出一种时间与空间上的真实性；另一方面，小说兴起的18世纪正是英国资产阶级兴起的关键时期，也是新兴道德准则尚未建立的过渡时期，菲尔丁利用小说中的法律场景进行适时的分析点评，传达出的道德教化力量对于重塑英国社会的司法秩序也起到了不可或缺的作用。

1　法庭：正邪角斗场

菲尔丁的小说中涉及了大量的法律事件，譬如在《约瑟夫·安德鲁斯的经历》中，盗窃行为十分猖獗，甚至发展到了盗窃儿童的地步；《大伟人江奈生·魏尔德传》以被送上绞刑架的魏尔德为主人公；《阿米丽亚》则通过军官之妻阿米丽亚的遭遇，揭露英国司法界的黑幕。在描写法律体系的人物时，菲

---

　* 本文为"北京工商大学2020年度青年教师科研启动基金项目"（编号：QNJJ2020 – 52）成果，得到"科技创新服务能力建设 – 基本科研业务费"（编号：PXM2020 – 014213 – 000017）的资助。

　** 吴濛，北京工商大学外国语学院讲师，主要研究方向为英国文学。

尔丁别出心裁地利用人物姓名，帮助读者在篇幅有限的描写中迅速抓住人物的关键特点。比如，《阿米莉亚》中出现的治安法官叫思拉舍（Thrasher），"Thrasher"有"长尾鲨鱼"之意。这位治安法官，判案时罔顾法令，依靠直觉，武断残暴，像极了一尾嗜血的鲨鱼。"Thrash"还有"打"的意思，Thrasher可以理解为"施暴者"，这个名字生动地勾勒出这位法官简单粗暴的形象。

在《阿米莉亚》开篇中，治安法官思拉舍用很短的时间审理了四桩案件，但全是误判或错判。从这里至少可以看出当时司法系统存在两种常见情形。第一，判决的随意性。案件一的民族歧视、案件二的性别偏见、案件三的人情暗示、案件四的人为操纵，都使法官对事实和证据置若罔闻，凭借个人好恶做出明显错判。同样，约瑟夫·安德鲁斯路遇的那位治安推事更加夸张：他觉得审理案件远远比不上喝酒打猎有趣，常常连案情都懒得了解，就简单粗暴地将被告判决入狱，这种随意几乎与草菅人命同义。这位治安推事和思拉舍一样，从来没有阅读过任何法律书籍。那么，他们的职位究竟是怎么得到的？这就引向了第二点，贿赂的普遍性。案件四中，有钱的一方通过行贿官员，就可以逍遥法外，没钱的一方却不得不含冤入狱。甚至在金钱的推动下，人证物证皆可伪造。连小小巡夜人都可以明目张胆地向被告索贿，帮被告脱身，更高层级的书记员和治安法官对"拿人钱财帮人消灾"的套路自然更加驾轻就熟。

2 监狱：人间修罗场

正是由于大量不公正的判罚，监狱几乎变成了冤狱，这促使菲尔丁把目光从法庭转向监狱这个特殊的隐蔽场景，将其作为呈现司法黑暗与统治腐败的核心舞台。《阿米莉亚》开篇即以布思入狱展开，其后许多篇幅都描绘了狱中的不堪景象，如犯人聚众赌博、偷盗斗殴、男女犯人可以同住过夜、治安法官大肆索贿、警卫长敲竹杠等。《阿米莉亚》中，菲尔丁集中火力、毫不留情地揭露了司法体系的黑暗与政府监管的不力，其力度和深度都远超以往。

和法庭的混乱无序相比，监狱显得更加暗无天日。在法庭上，被告至少还有申辩的机会；而一旦被投入监狱，就如羊入虎口，不仅要适应一套充满黑话的独立体系，还得警惕警卫、看守甚至是狱友布下的陷阱。布思甫一入狱，就遇到了许多人找他要"装饰品"（实为新犯人给老犯人的买酒钱），因为身上没有钱，又被迅速"剥去外壳"（脱掉外衣），行伍出身、血气方刚的布思面对这些无礼举动，却只能忍气吞声，息事宁人。在这样一个本该唉声叹气、愁眉不展的人间地狱里，狱友们却引吭高歌，寻欢作乐，今朝有酒今朝醉。原来，监狱里竟有许多外头人难以想象的福利——信差跑腿、聚众赌博、美酒佳肴、一夜春宵，不一而足。监狱本该是反省罪责之地，却变成了与商城、赌场、妓院一般无二的逍遥之所。在金钱的刺激下，司法公正的坚固堡垒早已经是残垣断壁、不堪一击。

菲尔丁对混乱的法庭和阴暗的监狱都进行了入木三分的刻画，如果说在早期作品中，菲尔丁还将司法不公的原因归咎为执行的不力，以为一位好法官就可以扭转乾坤，那么到了后期作品中，他已经认识到仅凭个别法官、律师、狱长的洁身自好，是不可能改变司法黑暗、残酷的全局的。执法固然是司法公正的重要一环，但立法才是正本清源的关键所在。通过作品与现实的有机互动，菲尔丁也为 18 世纪英国的司法秩序重塑贡献了重要的力量。

文化社会商务类

日本的寺子屋教育

侯丽颖[*]

摘要：寺子屋教育，起源于日本中世纪的寺院教育，兴起于江户时代，是日本特有的民间教育。寺子屋教育，注重实用性和人的素养培养，为平民子女提供了受教育机会，奠定了日本近代初等教育的根基。寺子屋教育，为明治维新的学制制定以及对整体国民的教育普及起到了积极的推动作用。

关键词：寺子屋；教育；明治维新

1 寺子屋教育概况及特色

寺子屋，是日本明治维新以前江户时代平民阶层子女接受启蒙教育的民间机构。据史料记载：最早的寺子屋教育出现在日本的室町时代后期，是日本社会安定经济发展稳定的产物。由于商品经济的发展，人们对知识的渴望推动了寺子屋教育的发展，江户后期开设的寺子屋的数量逐渐增多。在繁盛时期，全国的寺子屋多达 15 000 余所，男童的入学率达到 40%，女童的入学率超过 25%。

1.1 历史背景

日本在江户时代前确立了幕府制度，在其统治下经济发展、社会平稳。商品经济的发展要求不断提升人的认知水平，寺子屋应运而生。寺子屋，是庶民

---

[*] 侯丽颖，北京工商大学外国语学院讲师，主要研究方向为日本文化、日本语教育。

子女进行读书、识字的地方，又叫寺小屋、寺屋等。最初的寺子屋只出现在商业发达的大城市，偏僻的山区数量较少。18 世纪后，由于社会需要的不断增长以及幕府的扶植鼓励得到迅猛发展。

1.2 学习内容

寺子屋所教授的内容以朗读、习字、算数、地理、体操、剑术、骑马等为主，教材是以信件形式整理出来的，内容呈现的是日常的生产生活，非常具有实用性。教材不尽相同，手工业者的子弟多选用的是与经商有关的内容，农民子弟则侧重与耕种有关的。

为培养健全的人格，寺子屋所用的教材包括道德教育方面的内容，强调伦理道德观念，提倡尊师重友、勤勉、慎行等，这些行为规范准则是日本国民素质的根基。

1.3 重视女子教育

在江户时代以前，女性几乎没有受教育的机会。寺子屋出现后，教育不再是男孩子的独有权力，女子也开始进入寺子屋读书习字，这是社会的极大进步。同时也出现了女师匠，在寺子屋传授知识。女子教育的社会化，女性走向社会，是社会的进步，也为女性更好地培养教育出下一代做好了知识储备。

寺子屋针对女性的特点，在教育内容中增加了缝纫、织布等教养类课程。当时的寺子屋教材有七千多种，其中有一千多种是为女子所使用的。

1.4 明治政府的支持

明治维新后，寺子屋并没有消亡，政府对寺子屋教育给予了大力扶植。为保障寺子屋的可持续发展，提高师匠的水平，明治政府设置"教员讲习所"进行为期六个月的"培训"，内容包括读书、算数、地理、博物等，以及新的教学方法，同时明治政府向师匠宣传政府的施政精神、讲解世界局势，从多方面拓宽师匠的视野。

2 寺子屋教育的局限性

封建幕府为加强统治，对寺子屋教育融入封建礼教观念，宣传封建道德，灌输男尊女卑，严重影响了儿童的道德观和价值观，对明治维新后的日本社会生活产生了深远影响。

3　寺子屋教育的意义

寺子屋是对平民阶层所进行的基础教育，孕育了近代日本教育的底色；提高了劳动力的文化素质，促进了日本近代工商业和农业的发展；为日本在明治维新中提出文明开化、普及与发展日本国民教育夯实了基础。

如今日本寺庙里依旧有儿童教育设施，寺子屋的教育传统完好保留，宗教界人士参与中小学、大学的经营，倾力于教育。

4　寺子屋教育的借鉴价值

寺子屋教育是日本的基础教育，其教育理念与形态对我国的基础教育仍有启发，值得学习与借鉴。比如，寺子屋的师生关系和睦融洽，打破了等级森严的教育限制，这种师生关系具有现代化教育教学的特征。针对家庭出身不同的孩童使用不同教材是教育个性化的表现。我们在教学中也应实施灵活多样的教育教学，培养出符合社会发展需求的人才。

寺子屋教育的模式是日本传统文化的积淀，是我们了解日本、发现日本，促进两国文化交流的一个载体。

产业化、市场化："一带一路"
语言服务供给体系探究*

刘红艳**　解彤炜***

摘要：信息技术、全球化和大数据蓬勃发展促成中国语言服务行业高速发展。"一带一路"倡议给我国语言服务行业提供了绝好的发展机遇，然而我国高校开设"一带一路"沿线国家相关语种相当有限，需要迫切解决通用语种和非通用语种语言服务严重失衡问题。本文基于对"一带一路"背景下中国语言服务行业现状的分析，提出跨学科交叉，构建线上线下相融合、多维度、精细化的语言服务及产品供给体系，推动其市场化、产业化发展。

关键词：一带一路；语言服务产业；产业化；产品供给体系

伴随信息技术、全球化和大数据的蓬勃发展，中国语言服务行业从20世纪80年代的初见雏形到90年代形成规模再到21世纪高速发展，已形成体系化语言服务行业。"语言服务"被定义为"通过提供直接的语言信息转换服务及产品，或者提供有助于语言信息转换的工具、技能、知识与技术等，帮助人们扫除语际信息交流过程中出现的语言障碍，实现语言信息的转换处理"[1]。其服务内容已不仅限于传统的语言翻译服务，涵盖了翻译服务、本地化服务、语言教学及培训、翻译技术软件开发，言语康复、语言扶贫及语言相关业务咨

---

　*　本文系"科技创新服务能力—省部级科研平台建设—社科省部级科研平台建设项目"（编号：19008020111）的部分研究成果。

　**　刘红艳，北京工商大学外国语学院教授，研究方向为话语分析、学习者口译语料库研究、翻译研究。

　***　解彤炜，墨尔本大学在读硕士，研究方向为心理语言学、应用心理学。

询等内容。

1 "一带一路"背景下的中国翻译服务产业

"一带一路"建设具有重要的战略意义,使古丝绸之路在新时代重新焕发生机活力。"一带一路"背景下,对多语种应用型翻译人才的需求量很大。语言服务是实现"一带一路"五通的基础保障[2]。

党的十九大以后,我国对"一带一路"贸易投资的规模不断扩大。据商务部统计,2017 年,我国对"一带一路"沿线国家进出口额 7.37 万亿元,占我国外贸总值的 26.5%,其中出口 4.3 万亿元,增长 12.1%,进口 3.07 万亿元,增长 26.8%。我国与"一带一路"国家和地区的文化产品进出口额达到 149 亿美元,占文化产品进出口总额的 16.8%,我国企业对沿线国家文化投资总额已将近 150 亿美元。"一带一路"建设给我国语言服务行业提供了绝好的发展机遇,通过提供跨语种、跨文化信息转换服务和产品,给我国带来巨大的经济效益,为相关行业国际化发展也提供了不可或缺的语言产业支撑。

根据《2016 中国语言服务业发展报告》,我国注册的语言服务及相关服务企业约有 72 495 家,专门从事语言服务的企业约有 7000 家。语言服务市场产值约 2822 亿元,与 2011 年相比增长了 79%,年均增长近 19.7%。全球化时代,信息量指数级增长,语言服务需求激增的同时对语言服务的效率提出了更高的要求,未来语言服务源语言和目标语言会持续增长,传统的纯人工驱动的方式已无法满足信息数据激增的需求,语言服务必须依托信息技术和工具才能顺应发展[3]。目前,我国语言服务行业框架已具备一定规模。但各类语言服务元素发展仍不均衡,处于粗放型增长阶段,语言服务产业协同创新发展、语言服务划分和定位及走语言服务产业集约型道路是未来的发展方向。

2 解决通用语种和非通用语种语言服务严重失衡问题

《"一带一路"语言服务市场全景式分析及行业与政策建议报告(2017)数据表明:语言类人才备受媒体和网民关注。打破语言障碍,实现语言互通是"一带一路"建设的重要桥梁。"一带一路"沿线国家官方语言包括英语、阿拉伯语、俄语和汉语四大通用语种及其他近 50 种非通用语种。在"一带一路"沿线 65 个国家以 53 种语言讲述"中国故事"，打破语言障碍，为与亚欧非各国共商共建共享各领域互利合作的成果提供了历史机遇。语言服务便利度直接影响我国与"一带一路"沿线国家贸易投资的活跃度和经济效益。

"一带一路"建设对语言服务和产品的需求和市场供给失衡，语言服务人才发展不均衡，小语种人才匮乏。根据《"一带一路"语言服务市场全景式分析及行业与政策建议报告（2017）》数据：我国高校开设"一带一路"沿线国家语言专业的情况不容乐观。120 所高校开设了俄语专业，俄语成为我国高校开设相关语种专业的巨无霸；其次是泰语、标准阿拉伯语和现代标准阿拉伯语，开设这些语种的高校分别为 40 所。开设越南语高校 25 所、印尼语 14 所、德顿语和葡萄牙语共 13 所、蒙古语 10 所。开设其他语种的高校不足 10 所，其中，开设阿尔巴尼亚语、爱沙尼亚语、保加利亚语、波斯尼亚语、捷克语、克罗地亚语、立陶宛语、罗马尼亚语、塞尔维亚语的高校分别仅有 1 所。国内尚无高校开设亚美尼亚语、塔吉克语、斯洛文尼亚语、摩尔多瓦语、马其顿语、迪维希语、黑山语、格鲁吉亚语和宗卡语。这组数据对我国外语人才培养提出了更高的要求。目前，我国除外语类院校外，大多数高校仅开设英语类专业，小部分高校开设以西班牙语、日语、法语、德语等专业为主流的语言类专业。由于语言类专业不是大多数高校的主流学科发展方向，所以这些高校对于小语种专业建设不够重视，小语种专业建设成为外语类高校的专属任务。这样单一设置带来的弊病是：小语种学习无法与不同类型高校的主流学科相结合，无法培养"一带一路"建设所需要的多科性、复合型高端语言服务人才。建议教育主管部门从国家战略层面出发，加大政策支持和资金投入，在相关院校增设更多"一带一路"沿线国家相关语种专业，加大相关人才的培养力度，尽快解决外语人才语种参差不齐的供需矛盾。

3 跨学科交叉，构建线上线下相融合、多维度、精细化的"一带一路"语言服务及产品供给体系

构建"一带一路"语言服务及产品供给体系过程中，要坚持前沿理念，鼓励跨学科交叉，精准对应需求。建议国家成立"中国带路语言服务委员会"，统筹规划，协调多学科共同攻关。进一步融合人工智能、机器翻译技术、语音合成、信息挖掘和提取等学科和技术优势，线上线下相结合，构建多

维度、多元化的完备供给体系，为丰富国家语言政策内涵和中国语言服务走向世界做出应有的贡献。

4 推动"一带一路"语言服务及产品供给体系的市场化、产业化发展

目前，我国的语言服务与产品相对单一，以提供语言教学培训及翻译和本地化服务为主，缺乏应对国家"一带一路"建设战略需求，精细化、智慧化的语言服务与产品。针对"一带一路"建设所提出的政策沟通、设施联通、贸易畅通、资金融通及民心相通要求，语言服务及产品需要满足政府沟通、通信运输、商贸往来、金融投资及民间文化交流的语言消费需求，实现供给体系的市场化和产业化发展。

具体来说，需要确定语言服务与产品供给体系的范畴：除了传统的语言教学、培训、翻译、出版等服务，急需对相关语言服务进行科学规划和顶层设计，服务于国家语言政策的制定；设立"一带一路语言产业"专业，培养与带路"五通"相关的多语种复合型、专业语言翻译服务人才；开发自动在线多语种语言翻译和查询系统；建设多语种、多学科、多维度数据库，加入国家语言智库；开展相关行业的职业沟通话语研究，探索如何提升跨文化行业话语沟通效度；向相关国家输出汉语，通过汉语的国际传播，提升汉语的国际地位和影响力；开展公益性质的语言精准扶贫服务，帮助相关从业人员掌握非通用语种，创造更多的就业机会。

参考文献

[1] 袁军. 语言服务的概念界定 [J]. 中国翻译, 2014 (1)：18-22.

[2] 李宇明. "一带一路"需要语言铺路 [N]. 人民日报, 2015-09-22 (7).

[3] 杨亦鸣. "一带一路"建设面临语言服务能力不足问题，提高国家语言能力迫在眉睫 [N]. 人民日报, 2015-11-24 (3).

马来西亚华语和汉语的差异分析

刘江红*

摘要： 马来西亚华人所说的华语，受到了英语、马来语、粤语、闽南语等的影响，与标准汉语存在着一定的差异。本文将从词汇、语法、语序三个方面论述二者之间的差异。

关键词： 马来西亚；华语；差异

马来西亚的大部分华人从小上华语学校，学习华语和中国文化，但是马来西亚的华语因为受到地域、文化、历史的影响，和汉语还是存在着一定的差异。下面将从词汇、语法、语序三个方面进行差异分析。

1　马来西亚华语和汉语的词汇差异

1.1　马来西亚华语特有词汇

马来西亚本地特有词语是反映本地特有的事物或现象的词语。它们大多只在马来西亚范围内使用，最能反映和表达马来西亚特有的事物、概念以及社会生活，例如"沙爹"（鸡肉、牛肉及羊肉串）、"拿督"（册封给成功人士的一种头衔）、"娘惹"（早期华人和马来人通婚的后代）。

1.2　马来西亚华语和汉语的同形异用语汇

马来西亚华语中这些词汇的概念和汉语相似，但却有不同的附属义，比如

---

* 刘江红，北京工商大学外国语学院教师。

有不同的感情色彩、词义范围的增减等。比如，"聆听"在汉语中是褒义、敬词，表示晚辈对长辈、下级对上级，认真倾听，以示恭敬。但在马来西亚"聆听"是中性词，并没有褒义和贬义的区别。再如，"美"除了表示"好看，美丽，或美丽的事物"之外，在马来西亚也可以解释为"质量好，新鲜味美"。马来西亚华语中有这样的表达："今天鱼头很美，用来煮汤最好"。"美"的这种用法是受到汉语闽南语的影响，词的意义已经拟人化。

2 马来西亚华语和汉语的语法差异

2.1 词类的活用

由于受到地域、方言和英语的影响，马来西亚华语中存在词类活用的现象，并且活用种类、数量众多，使用场合也较多、使用频率较高。比如"这是一部很乡土的歌舞片"，"这个男人很本事"，"乡土"和"本事"本来是名词，在这里活用为形容词。在马里西亚华语中，副词修饰名词，或名词用作形容词的情况很是普遍。

再如，一般情况下，汉语中的形容词是和数词一起组成数量词语修饰名词，形成"数词＋形容词＋量词"的结构，如"一大碗饭""一大捆柴"等。但在马来西亚，由于受到闽南语和粤语的影响，另有形容词单独修饰量词的用法："此树很老，60年前已经很大棵"，"这只鸡好大只"等。

2.2 "有＋动词"的使用

在汉语中，"有"字跟动词连用，仅限于并列结构如"有吃有喝""有弹有唱"等，或者一些来自文言的客套话，如"有请""有劳"等。但在马来西亚，几乎所有的动词前都可以加上"有"，表示动作的完成，或者曾经发生。汉语中我们会用"动词＋过"或者"动词＋了"的结构表示完成的动作，如"昨天我联络过我的老同学"，但在马来华语中会这样表达："昨天我有联络我的老同学"。

3 马来西亚华语和汉语的语序差异

马来西亚华语和汉语存在着一定的语序差异。例如，汉语是把副词放在被修饰、限制词语前做状语，而在马来西亚，存在着一些副词性状语后置的现象，如"先走"更常被说成"走先"，如："这是我新买的词典，你拿去用先吧。"汉语中的介词"给"构成介词短语"给＋名词"时，可以在动词前做状语，用来引出动作的服务对象。如"我给他买了一件衣服"，马来西亚华人会说"我买了一件衣服给他"。

相对于中国的"正统"汉语，马来西亚华语因为社会环境的不同而出现丰富多元的词汇变体，这些变体是社会构成、历史传衍及语言文化沉淀的结果。随着汉语的国际化，汉语和其他地方的华语会互相影响，互相吸收，从而不断融合。

大学英语教学与文化安全

彭 淳*

摘要：本文对外语教学领域的文化安全的重要性进行了探讨，并针对在英语教学实践中保障文化安全和培养文化自信的策略提出了建议。

关键词：文化安全；文化自信；大学英语教学

全球化时代，各国既要在交流中巩固发展，也要在对抗中寻求机会。高等教育要培养兼具国际视野和家国情怀的人才，所以在大学英语教学中探索有效策略实现文化安全至关重要。

1 文化安全的内涵

语言是人类思维的载体，由于语言文字与文化意识形态的天然联系，语言文化安全关乎国家民族的思维方式和价值判断的延续和发展。

1.1 文化安全属于国家安全的范畴

全球化时代是交流日益频繁的时代也是竞争日益激烈的时代，强势国家不仅在经济上占据主导，在文化上也掌握着话语权。因此，文化安全作为国家安全体系的一个重要组成部分在国际社会广受关注，而联合国计划开发署也在1992年把文化安全列为人类社会的一项基本权利[1]。

---

* 彭淳，北京工商大学外国语学院讲师，主要研究方向为应用语言学、英语教育。

1.2　文化安全的本质定义

许多专家学者给文化安全这一概念做出了解释。朱阳明教授认为文化安全是："一国在文化、精神生活方面不受外来文化的干扰、控制或同化等影响，始终保持本民族特有的价值观念、生活方式及本国意识形态的独立自主性。"[2]

1.3　文化安全的时代意义

全球化趋势发展到现在，强势政体和文化寻求维持其主导地位和话语权并向其他国家和文化进行渗透，而相对弱势的国家和民族也会抵制外来文化势力的蚕食，维持本民族的文化传统和核心价值。后疫情时代的到来更加剧了这种对抗。文化安全的保障也代表了国家之间软实力的较量。

2　大学英语教学中的文化安全

高等教育担负着为国家提供高素质的劳动者的任务。大学生除了接受专业知识技能的培训，也是形成自我认知、塑造文化认同的关键时期。

2.1　外语教学中的文化安全的重要性

教育具有强烈的意识形态属性，是构建文化安全体系的平台。语言是思维的载体，与文化观念密不可分。所以，语言教学在文化安全中的地位举足轻重。而外语教学作为语言教学的一种，在学习语言和了解文化的同时，如何把握尺度，既让未来的国家建设者拥有国际视野和对外交流能力，又有坚定的本民族文化认同和传统文化素养，是需要原则和技巧的重大课题。

2.2　外语教学中的文化安全研究

在中国知网输入关键词"大学英语"和"文化安全"进行搜索，显示从2007年到2020年共有40条搜索结果，其中18条来自2019年和2020年上半年，可以看出随着国际局势的变化其关注度也在不断提升。比照国际形势的发展，外语教学中的文化安全研究尤其亟待进一步加强。

3　英语教学中实现文化安全的建议

参考世界各国在文化安全领域所采取的策略，相关专家和研究者提出了以下策略。

3.1　教材的选用

教材及练习的素材选用中增加介绍传统文化的内容，强调文章传递的价值和思维理念符合中华民族的核心文化。丰富外语教学的选择，打破英语一统天下的单一局面。

3.2　活动的安排

鼓励学生在学习语言的同时多参与跨文化交流，既了解其他文化也主动介绍输出中国传统文化。要在文化活动的过程中培养学生的辩证思维和判断能力。

3.3　教师的作用

教师作为教学领导者，要加强自身的文化安全意识，同时主动引导学生在学习语言的同时培养文化自觉、文化思辨，巩固提升学生的文化自信。

参考文献

［1］曾敏．外语教育中的文化安全研究［D］．武汉：华中师范大学，2015.

［2］胡惠林．国家文化安全学［M］．北京：清华大学出版社，2016.

Effect of Corruption on Entrepreneurship[*]

田孟卿[**]　　刘明宇[***]

Abstract：This study focuses on one of the major issues of an economy，namely corruption and its effects on entrepreneurship in different countries.

Key words：entrepreneurship；corruption；entrepreneurs；cross-national；countries

Existing literatures state that corruption can not only cause negative，but also positive outcomes depending on the different states of the countries.

Although various aspects，such as culture，economy，politics，the country's development level etc. [1]，could influence the emergence or development of corruption，the most common cause mentioned in the chosen articles is the lack of government effectiveness in creating a secure and predictable environment for entrepreneurs. However，the effect of corruption on entrepreneurship in developed countries is different from non-developed countries. The cross-culture comparison shows a fascinating perspective，in which extend corruption exists. It is an important topic because it hides corruption which causes a dual effect on entrepreneurship and various country's economy，which people might not be aware of.

＊ 本文系"科技创新服务能力—省部级科研平台建设—社科省部级科研平台建设项目"（编号：19008020111）的部分研究成果。

＊＊ 田孟卿，北京工商大学外国语学院 2017 级商务英语专业学生。

＊＊＊ 刘明宇，北京工商大学外国语学院讲师。

1 Organisation and classification

Entrepreneurs use corruption in order to fasten the processes of starting one's own business as well as creating assets otherwise difficult to acquire. It is difficult to stop corruption when it is a social norm. It must be a constant practise through education and discipline in order to get rid of the ingrained processes[2]. The effect of corruption on entrepreneurship could be positive and negative but in the long run it is always unfavourable[3]. In developing or more collectivistic countries corruption is more accepted. Corruption effect, therefore, is not a one-way street, a cultural situation and nation it is present at has a big role on the level of influence it has on entrepreneurship[4]. Authors explain the link between corruption and the level of entrepreneurship in a country based on their education. According to them, a society with highly educated people face a low level of entrepreneurship because the opportunity cost of starting a new business comes along with difficulties such as higher risks of losing what they already have, social status and less benefits.

2 Evaluation and conclusions

In conclusion corruption does affect entrepreneurship, whether it is in a positive or negative way. Although positive influence is stated in some research, all chosen author agrees that a long-run effect on entrepreneurship is always negative. In addition, often times the effect comes from the lack of proper infrastructure in a country. Therefore, entrepreneurs do not often have free will to choose, either to be involved in corruption or not, in order to be successful. This perspective is very common in developing countries and that would not be seen as often in developed countries as their infrastructure is more developed and the economy is stronger. Even though lack of countries' proper infrastructure is an influential factor in corruption, the most common reason for corruption would be the lack of governmental involvement in providing secure environment for entrepreneurs.

Bibliography

[1] AVNIMELECH G, ZELEKHA Y, SHARABI E. The effect of corruption on entrepreneurship in developed vs. non – developed countries [J]. International journal of entrepreneurial behavior & research, 2014, 20 (3): 237 – 262.

[2] TONOYAN V, STROHMEYER R, HABIB M, PERLITZ M. Corruption and entrepreneurship: how formal and informal institutions shape small firm behavior in transition and mature market economies [J]. Entrepreneurship theory and practice, 2010, 34 (5): 803 – 831.

[3] DUTTA N, SOBEL R. Does corruption ever help entrepreneurship? [J]. Small business economics, 2016, 47 (1): 179 – 199.

[4] DHEER R. Cross – national differences in entrepreneurial activity: role of culture and institutional factors [J]. Small business economics, 2014, 48 (4): 813 – 842.

高校国际化发展对学生
跨文化交际能力的影响*

刘　影**

摘要： 随着我国高等教育的发展和国际地位的不断提升，高校国际化发展越来越受到重视，国际化人才培养和学生跨文化交际能力的提升也越来越受到关注。高校国际化发展带来校园环境的文化多样性，给学生带来跨文化交流的机会，各类合作项目让学生有机会直接到国外体验不同文化。高校国际化的发展势必会对学生的跨文化交际能力的提升产生深远的影响。

关键词： 国际化；跨文化交际；影响

高等教育国际化是实现我国教育现代化的必经之路，是建设高等教育强国的战略选择[1]，能够全面提升我国高等教育国际话语权和核心竞争力[2]。奈特[3]和阿特巴赫[4]将高等教育国际化分为两类，即本土国际化和境外国际化，其基本内容包括高等教育机构的国际化、高等学校人员学习和研究的国际化、高等学校课程教材的国际化和高等教育政策的国际化[5]。具体到高校国际化的评价指标，一般会从留学生所占比例、外专外教所占比例、派出学生所占比例、海外学习经历教师所占比例、中外合作平台、中外合作项目、海外办学等方面来衡量。

随着我国对外开放的不断深入和国际影响力的与日俱增，国家对国际化人

　＊ 本文是"中国科协'一带一路'国际科技组织合作平台建设项目"（编号：科协外函［2019］69号）。

　＊＊ 刘影，北京工商大学外国语学院讲师，主要研究方向为应用语言学、跨文化交际、高等教育国际化。

才的需求越来越多，而国际化人才的培养在我国对外交往中起着关键性的作用。但是目前我国国际化人才培养模式还不够完善，在很大程度上主要表现为过度重视学生语言的培养而忽视了文化背景教育和思想观念塑造[6]。一般来说，国际化人才不仅要有很强的外语表达能力，还要有广阔的国际化视野，并且能够借助自身所掌握的知识，顺利地进行跨文化交流。跨文化交际能力是指个体在多种不同文化当中生存和进行自我发展的能力，强调其言行在特定文化和场合下的有效性和适当性。那么要实现这个目的，即在不同的环境中进行有效交往，就需要借助语言工具，了解不同文化背景以及国际交往规则[7]。这些信息的获取和能力的提升，仅凭课堂上的教学还不够高校国际化的发展，从另外的层面弥补了课堂上的欠缺。

高校国际化发展带来的校园环境文化多样性为学生提供了很好的跨文化交流机会。留学生教育是高校国际化发展不可或缺的重要组成部分。来自不同文化背景的学生在一个校园里学习生活，随着中外学生管理趋同化的推进，学生之间的交流越来越多，越来越深入，对彼此文化的了解也会越来越多，除了直观的服饰、饮食等方面的不同，还有思维方式、生活习惯等方面的多样性，进而更深入了解一个民族，一个社会，一个国家，一种制度。教学方面的趋同化管理也会给高校老师带来挑战，上课时要照顾到同一班级不同学生文化背景的多样性，创造更好的学生交流的机会和氛围，并加以引导和帮助，从而更好地培养和提升学生跨文化交际的能力。有人把跨文化交际的体验比作鱼儿离开了水，但在自己国家的校园里的这种跨文化交际的体验相对"安全"，当感到不适应时会随时回到"水里"，回到自己熟悉的老师同学当中来。因文化不同给交往带来的冲击而产生的不安全感相对来说不那么强烈，有更多的时间和空间来理解和化解这种冲击带来的影响并逐渐适应，学生的跨文化交际能力也在一次次的冲突中逐步提升。

高校国际化发展对学生跨文化交际能力影响相对较大的另一方面是派出学生项目，学生直接到国外合作院校学习生活一段时间，攻读学位或学分。完全在不同的文化环境中生存并完成学习任务，直面各种跨文化交流带来的冲击而"无处可逃"，这对从来没有出过国的学生来说有一定的挑战性。以这种方式来提升学生的跨文化交际能力有些"残酷"但是很"有效"，学生要留心在不同情况下交流时的语言差异，以何种方式表达交流更合适，要遵循哪种社交规则等方方面面。当然这需要付出很大努力，但却能让学生最直接地感知各种文化差异，并且最直接地进行各种跨文化交流，在实践中培养和提升自己跨文化交际的能力。

　　外专外教、海外留学背景教师授课、国际项目等，势必会助力高校国际化人才的培养，提升学生跨文化交际能力，从而有更多的国际化人才在国际化舞台上熟练运用国际规则，发出中国声音，讲好中国故事，促进不同文化间的交流和融合，推动人类命运共同体的发展。

参考文献

[1] 韩梦洁. 高等教育强国建设需要什么样的高等教育国际化 [J]. 高等教育研究，2019 (5).

[2] 伍宸，宋永华. 改革开放 40 年来我国高等教育国际化发展的变迁与展望 [J]. 中国高教研究，2018 (12).

[3] 奈特. 激流中的高等教育：国际化变革与发展 [M]. 北京：北京大学出版社，2011.

[4] 王建慧. 阿特巴赫高等教育国际化思想研究 [D]. 武汉：华中科技大学，2011.

[5] 周文鼎. 高等教育国际化界定及内涵 [J]. 理论月刊，2010 (9).

[6] 张广奇. 国际化视野下跨文化交际能力培养模式研究 [J] 校园英语，2019 (30).

[7] 吴正英. 外语教学中"渗透式"跨文化交际能力培养模式的具体应用——以"精读"与"美国文学"两门课程为例 [J]. 课程教育研究，2016 (17).